HERBERT SCHEURING

SCHEURINGS WORT ZUM SAMSTAG

Wer's glaubt, wird selig

MAIN POST

Gut zu wissen.

Zum Autor

Herbert Scheuring hat Germanistik und Geschichte studiert und mit einer Arbeit über den Barockschriftsteller Grimmelshausen promoviert. Er ist Redakteur der Main-Post (Würzburg) und dort seit 2002 Mitautor der täglichen Glosse „Unterm Strich". Seit 2016 erscheint wöchentlich „Scheurings Wort zum Samstag". Die Zahl seiner Leser übersteigt die der bei Donald Trumps Amtseinführung Anwesenden bei weitem.

In seinen Texten beschäftigt sich Scheuring mit Sein und Zeit und Dings, mit Politik, Wirtschaft, Verkehr, Religion, Sprache, Lifestyle, Internet und der Gehirnfunktion von toten Lachsen und Facebook-Nutzern. Für seine humorvolle Sprachkritik wurde er 2008 vom Verein Deutsche Sprache mit dem Preis „Sprachbewahrer" ausgezeichnet. Der Schriftsteller und Humorist Eckhard Henscheid charakterisierte Scheuring als „Sprachkomiker der durchaus wilderen Art".

Bislang hat Herbert Scheuring neun Bücher veröffentlicht, darunter neben „Scheurings Wort zum Samstag. Wer's glaubt, wird selig" (2018) drei weitere Bände mit komischer Kurzprosa:

| „Dings ist das neue Bums. Was ‚Unterm Strich' bleibt. Mit einem Nachwort von Eckhard Henscheid" Verlag M. Naumann, Hanau 2013, 176 Seiten (ISBN 978-3-943206-15-9) | „Deutschland sucht die Superkuh. Neue Glossen aus ‚Unterm Strich'" Verlag M. Naumann, Hanau 2009, 220 Seiten (ISBN 978-3-940168-42-9) | „Unterm Strich. Der Gang nach Cabanossi und andere merkwürdige Ereignisse" Echter Verlag, Würzburg 2006, 160 Seiten (ISBN 978-3-429-02785-8) |

Alle Bände erhältlich unter: www.shop.mainpost.de oder (0931) 6001 6006

Zum Geleit

L iebe Brüder und Schwestern, sicher habt ihr euch auch schon einmal gefragt: Wo kommen wir her? Wo gehen wir hin? Und warum laufen wir nicht einfach davon? Das sind Fragen, auf die wir immer wieder zurückgeworfen werden. Das Leben stellt uns jeden Tag vor neue Herausforderungen und konfrontiert uns mit sonderbaren Menschen und Entwicklungen, zu denen wir uns irgendwie verhalten müssen. Hierbei will „Scheurings Wort zum Samstag" allen, die Orientierung suchen, mit geistlichem Rat und weltlichem Trost hilfreich zur Seite stehen. Das „Wort zum Samstag" wird jede Woche von gewaltigen Menschenmassen gelesen. Es sind mehr, als bei der Amtseinführung von US-Präsident Donald Trump zugegen waren. Das ist fantastisch.

Wahrlich, ich sage euch: Wenn ich die Nachrichten verfolge oder manchen Menschen zuhöre und dabei oft erstaunt feststelle, welcher geschredderte Gehirnschrott da aus ihren Mündern herausquillt, möchte ich oft verzagen. Geht es euch nicht manchmal genauso? Aber dann gilt es, darauf zu vertrauen, dass Gott uns, die wir in dieses geworfene und oft auch verworfene Dasein hineingeworfen wurden, innere Stärke verleiht und uns nicht allein lässt inmitten dieser lärmenden Idiotie. Dennoch bleiben Zweifel und gewiss auch die bange Frage: Dürfen wir die Hoffnung im Herzen tragen, dass neben der Mietpreisbremse von Gesetzes wegen bald auch eine Verblödungsbremse obligatorisch wird? Oder ist es besser, sich ein Loch ins Knie zu bohren und darauf zu warten, dass Öl kommt? Hirnforscher haben herausgefunden, dass mithilfe komplizierter Instrumente und einfacher Statistik sogar in einem toten Lachs eine relevante Hirnfunktion nachgewiesen werden kann. Warum also, so frage ich euch, ist dieser Nachweis dann zum Beispiel bei vielen Facebook- und Twitter-Nutzern so schwierig? Diese Frage kann ich leider nicht beantworten. Aber dafür viele andere: Wann müssen intelligente Autos zum Idiotentest? Wie können vollverschleierte Frauen problemlos rückwärts einparken? Warum wird das analoge Schwein durch die digitale Sau ersetzt? Wo geht der smarte Farmer seinen Hühnern auf die Eier? Was sind die neuesten Trends für den Kopf? Und was will uns letztlich die Tatsache sagen, dass Heringe durch Fürze miteinander kommunizieren?

Gottes Welt steckt voller Rätsel, und es ist unsere Aufgabe, dies alles als Teil des Schöpfungsganzen zu begreifen und uns einen Reim darauf zu machen. Dabei ist es manchmal nötig, die Perspektive zu wechseln und alles aus einem anderen Blickwinkel zu betrachten. Dies kann auf vielerlei Weise geschehen. Japanische Wissenschaftler haben herausgefunden, dass die Dinge anders aussehen, wenn wir sie vornübergebeugt durch unsere Beine hindurch nach hinten schauend betrachten. Diese Haltung nehme ich selbst oft ein, während ich das „Wort zum Samstag" schreibe.

Nun gehet also hin, oder noch besser: Setzt euch, lest und bedenkt meine Worte, die euch Stärkung sein sollen, auf dass ihr in den Strudeln des Blödsinns, die uns zu verschlingen drohen, nicht untergeht.

Friede sei mit euch!

Herbert Scheuring, im Sommer 2018

VIER KEKSE FÜR EIN HALLELUJA

GLAUBE UND RELIGION

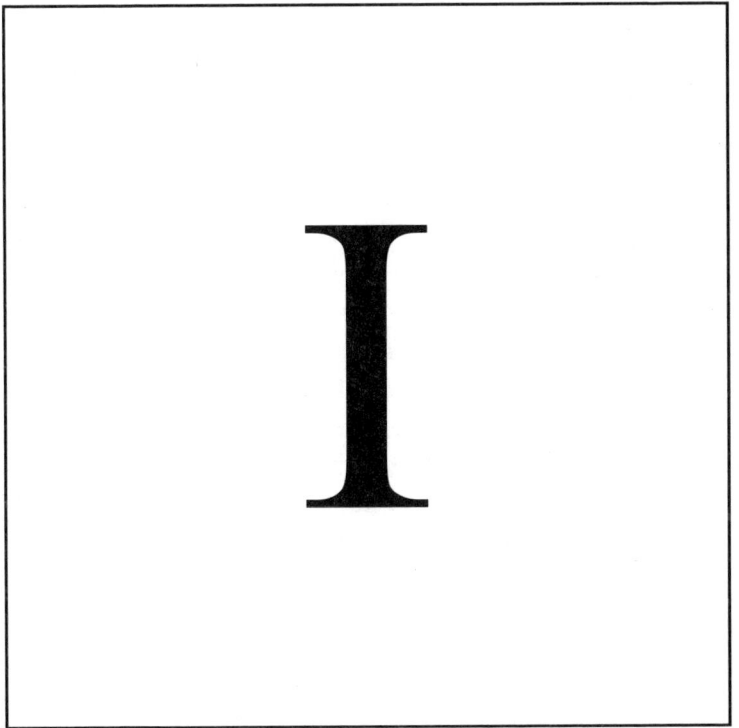

„Du sollst an den vier Zipfeln deines Oberkleids, mit dem du dich umhüllst, Quasten anbringen."

(5. Buch Mose 22,12)

Verhüllung im Verkehr

Das Bundesverfassungsgericht hat klargestellt, dass muslimische Autofahrerinnen am Steuer keinen Gesichtsschleier tragen dürfen. Eine Muslimin hatte zuvor erklärt, sie könne wegen ihres Glaubens auch während der Autofahrt nicht auf den Schleier verzichten. Das Gericht hielt dem entgegen, das Verhüllungsverbot solle der Fahrerin eine „ungehinderte Rundumsicht" während der Fahrt ermöglichen. In Saudiarabien durften Frauen bislang überhaupt nicht Auto fahren. Erst seit kurzem ist es ihnen erlaubt – obwohl Geistliche zu bedenken gegeben hatten, Frauen am Steuer beschädigten ihre Eierstöcke und förderten die sexuelle Freizügigkeit. Ich weiß nicht, in welchem Aufzug Frauen in Saudiarabien ein Auto steuern sollen, hätte aber folgenden Vorschlag: Extremgläubige dürfen ohne Burka oder Schleier im Wagen sitzen, sofern das Auto vollverschleiert ist – mit einem Sehschlitz an der Windschutzscheibe. Möglich sind natürlich auch andere Varianten: Musliminnen mit Teilschleier dürfen ein unverschleiertes Auto fahren, sofern mindestens drei von ihnen im Wagen Platz nehmen: Die Fahrerin behält durch ihren Sehschlitz den Rückspiegel und die Straße im Blick, die anderen beiden werden im Auto so positioniert, dass sie die linke und rechte Seite beobachten und außerdem Alarm schlagen können, wenn eine Fata Morgana am Horizont auftaucht. Gar kein Problem ist es natürlich, wenn vollverschleierte Frauen in einem selbstfahrenden Auto Platz nehmen. Sie können dann sogar noch eine Decke über ihren Kopf ziehen, während der Wagen problemlos rückwärts einparkt.

In Gottes Namen

In Rom diskutiert die Bischofssynode derzeit über die Rolle der Familie und die Bewertung von Beziehungen, die nicht dem katholischen Eheideal entsprechen. Wie werden die Bischöfe entscheiden? So viel zeichnet sich jetzt schon ab: Regulär Verheiratete, also Männer, die ihr Leben an der Seite der ihnen von Gott zugewiesenen Frau fristen, werden jederzeit zur Kommunion zugelassen – selbstverständlich auch Frauen, die sich dementsprechend verhalten. Da ändert sich nichts. Der Präfekt der Glaubenskongregation hat „in extremen Einzelfällen" sogar die Kommunion für wiederverheiratete Geschiedene nicht gänzlich ausgeschlossen. Das gilt allerdings nicht für wiedergeschiedene wiederverheiratete Geschiedene und verschiedene geschiedene Wiederverheiratete. Homosexuelle dagegen dürfen nur zur Kommunion, wenn sie nicht verheiratet sind. Oder wenn sie wieder geschieden sind. Oder wenigstens mit einer Frau verheiratet, die nicht geschieden ist. Geschiedene und wiederverheiratete Homosexuelle dagegen müssen draußen bleiben, sowieso. Und zwar ganz egal, ob sie von einem Mann oder einer Frau geschieden sind. Anders liegt der Fall, wenn ein geschiedener Wiederverheirateter sich wieder scheiden lässt und beispielsweise einen Mann heiratet: Der fährt nach dem Ratschluss der Synode später dann pfeilgerade in die Hölle oder ins Fegefeuer, sofern er sich wieder scheiden lässt. Als mehrfach geschiedener Wiederverheirateter darf er allerdings nicht zur Kommunion. Das ist so die grobe Richtung. Anders geht es ja nicht. Aber dann ist der liebe Gott zufrieden.

Würde Luther twittern?

Eine Frage, die im Lutherjahr immer wieder auftaucht, lautet: Würde Luther heute twittern? So fragte etwa das Magazin „Publik-Forum". Dabei ist dies längst beantwortet. Bei einer Fachtagung der Studentenmission Deutschland wurde schon 2011 festgestellt: „Luther würde heute twittern." Hamburgs Bürgermeister Olaf Scholz erklärte 2014: „Heute würde Luther twittern." 2015 verkündete die Theologin Johanna Haberer die bahnbrechende Erkenntnis: „Luther würde heute twittern." Worauf der Historiker Johannes Süßmann 2016 nachzog und feststellte: „Luther würde twittern." Und erst kürzlich entdeckte Eckart von Hirschhausen etwas ganz Neues, da kommen Sie jetzt nie drauf, nämlich: „Luther würde heute twittern." Ich persönlich glaube, Luther würde nicht nur twittern, sondern auch Facebook und Youtube nutzen. Er würde Selfies machen und posten, um seinen Porträtmaler Lucas Cranach den Älteren zu entlasten, und seine 95 Thesen würde er natürlich nicht an eine Tür nageln, sondern ins Internet, Quatsch: per Beamer an die Wittenberger Schlosskirche projizieren und das Ganze live streamen. Luther würde zur Netzgemeinde predigen und wohl täglich einen Shitstorm gegen den Papst organisieren. Luther wäre sicher auch im Darknet unterwegs, um den Mächten der Finsternis keinen Raum zu überlassen. Dort würde er dem Teufel sein Tintenfass an den Kopf werfen – oder halt seinen Laptop oder sein Smartphone und das Ganze filmen und auf Youtube stellen. Und dann würde er den Beelzebub mit seiner Selfiestange verprügeln. Ganz bestimmt.

Die Verortung des Fußballgottes

Es gibt ja die Theorie, dem Menschen sei die Hinwendung zum Göttlichen gleichsam als Grundausstattung mit in die Wiege gelegt. So ist es nicht verwunderlich, dass auch häufig die Frage auftaucht, ob es einen Fußballgott gebe. Die Hip-Hop-Band Fettes Brot hat rechtzeitig zur Fußball-WM einen Song veröffentlicht, in dem es heißt: „Alle beten zum Fußballgott!" Ein frommer Wunsch, bei dem Kirchenmänner allerdings gern die Stirn in Falten legen. Der Berliner Kardinal Rainer Maria Woelki etwa erklärt, er glaube nicht an den Fußballgott. Der Präses der Evangelischen Kirche im Rheinland, Manfred Rekowski, deutet den Glauben an einen Fußballgott nur als „diffusen Versuch, das Irrationale in diesem Sport irgendwie zu verorten". Dieser Sport aber, bei dem es – um den uns von Präses Rekowski zugespielten Ball anzunehmen und weiterzuspielen – darum geht, den Ball irgendwie im gegnerischen Tor zu verorten, weist gleichwohl viele Parallelen zur Religion auf. Ein Fußballplatz ist ohne Strafraum kaum denkbar, und die Hölle ist ja im Grunde auch als eine Art göttlicher Strafraum angelegt. Nationalspieler Thomas Müller wird nun nach seinen drei Toren gegen Portugal als Fußballgott verehrt. Ob dies theologisch begründet ist, kann an dieser Stelle nicht mit letzter Sicherheit geklärt werden. Doch da es hier in diesen Zeilen stets mein Auftrag ist, das Irrationale irgendwie zu verorten, sei im Hinblick auf den Wunderglauben in Religion und Sport („Das Wunder von Bern") zumindest angemerkt: Thomas Müller kann zwar nicht Wasser in Wein verwandeln, aber doch immerhin einen Elfmeter.

Der Segen des Roboters

Drei von vier Bundesbürgern stehen dem Einsatz von Robotern im Alltag positiv gegenüber. Das ist das Ergebnis einer Umfrage zum Thema „Die Roboter kommen: Ist künstliche Intelligenz gut für unsere Gesellschaft?" Vielerorts sind Roboter aus dem täglichen Leben gar nicht mehr wegzudenken. Im Weißen Haus in Washington etwa wurde Anfang des Jahres ein Twitter-Roboter in Betrieb genommen, der täglich das Weltgeschehen mit Worten wie „großartig", „fantastisch", „sehr böse" oder, besonders ambitioniert, mit „Covfefe" kommentiert und so für Erheiterung sorgt. Roboter sind allerorten auf dem Vormarsch, auch im religiösen Leben. In einem buddhistischen Kloster bei Peking zum Beispiel gibt es einen Roboter-Mönch, der Mantras singt und die Grundlagen des Buddhismus aufsagen kann. Zum 500. Jahrestag der Reformation wurde ein Segensroboter entworfen, der eine Diskussion über Digitalisierung und die Bedeutung des Segens anstoßen sollte. Das Gerät mit dem Namen „BlessU-2" wird per Touchscreen gesteuert, kann seine Metallarme heben und ein Segenswort sprechen. Das ist schon mal nicht schlecht. Um Geistliche zu entlasten, wäre sicher auch der Einsatz eines Beichtroboters sinnvoll: Gläubige könnten dann einen USB-Stick mit ihrem Sündenregister und der Bitte um Vergebung in den Roboter hineinstecken, worauf dieser die Schuld von der Seele des Sünders herunterlädt und sofort in die Cloud auslagert. Angehörige der Glaubensgemeinschaft Apple erhalten mit dem Kauf des jeweils neuesten mobilen Endgeräts natürlich automatisch die Absolution.

Ein Angebot für Außerirdische

Der Mensch richtet seit jeher seinen Blick zum Himmel, wo er das Außerirdische und das Göttliche verortet. Guy Consolmagno hat als Direktor der Vatikanischen Sternwarte von Berufs wegen beides im Blick und jetzt in einem Interview erklärt, er würde gerne mal Außerirdische taufen. Consolmagnos Vorgänger José Gabriel Funes hatte sich seinerzeit eher zurückhaltend und weniger praxisbezogen dahingehend geäußert, dass eventuelle Wesen in fernen Welten auch eine Bedeutung für die Theologie besäßen. Von der Taufe Außerirdischer, so drängend das Problem auch sein mag, war noch keine Rede. Das Seelenheil der Extraterrestrischen haben Kirchenmänner aber nie ganz aus dem Blick verloren, wie etwa anno 1996 Winfried Röhmel, damals Sprecher des Erzbistums München und Freising, der zuversichtlich erklärt hatte: „Auch Außerirdische dürfen auf Erlösung hoffen." Nur – welche Außerirdischen? E.T.? Der muss wohl, bevor er sich taufen lässt, erst nach Hause telefonieren. Die Klingonen, die als sehr reizbar und aggressiv gelten? Oder die Vogonen, eine der unausstehlichsten Rassen im ganzen Universum? Ob solche Wesen einer Taufe aufgeschlossen gegenüberstünden, ist eher ungewiss. Möglicherweise sind die potenziellen außerirdischen Taufkandidaten auch nur kaulquappenartige Lebewesen sehr einfachen Zuschnitts, deren Interesse für theologische Probleme und Fragen des Seelenheils naturgemäß noch nicht sehr ausgeprägt ist. Vielleicht sollten sich Kirchenmänner, um sich in ihren Bekehrungsbestrebungen nicht zu verzetteln, erst einmal auf die Marsmission konzentrieren.

Müssen jetzt alle heiraten?

Die Entscheidung des Bundestags, die „Ehe für alle" einzuführen, sorgt weiter für Diskussionen. Wobei der Begriff irritiert, weil er einige womöglich fürchten lässt, dass jetzt alle von Gesetzes wegen sofort irgendwen heiraten müssten. Diese Gefahr besteht nicht. Doch sehen manche die „Keimzelle der Gesellschaft" – die Ehe, aus der Kinder hervorgehen – bedroht, wenn Männer auch Männer oder Frauen Frauen heiraten dürfen. Wieso dies den Bestand unserer Gesellschaft gefährden soll, verstehe ich nicht. Werden dann weniger Kinder geboren? Werden Heterosexuelle aus Trotz keinen Nachwuchs mehr zeugen? Oder werden plötzlich alle schwul, weil das ja sowieso alle wollen und nur die Institution der Ehe zwischen Mann und Frau sie davon abhält? Sehr schlüssig ist auch das Argument, dass gleichgeschlechtliche Ehen eine Bedrohung unserer Art darstellen – die ja extrem bedroht ist, wie jeder weiß, der sich die Entwicklung der Weltbevölkerungszahl vor Augen führt. Ich habe noch folgende Einwände von Bedenkenträgern gehört: Der Sinn des Lebens sei die Fortpflanzung (das Leben Kinderloser ist also sinnlos), gleichgeschlechtlich Liebende seien arme Geschöpfe und zu bedauern, eine gottlose Regierung habe nun der Unzucht und Hurerei Tür und Tor geöffnet – weshalb heftige Unwetter und Starkregen nach der Entscheidung in Berlin ein deutliches Signal des allmächtigen, strafenden Gottes gewesen seien. Apropos Regen und Glauben: Gut, ich kann mich irren, aber ich glaube, dass Gott manchen Leuten nur deshalb einen Kopf gegeben hat, damit es nicht in ihren Hals hineinregnet.

Wer's glaubt, wird selig

Ich wollte mich diesmal eigentlich mit anderem beschäftigen, muss aber noch einmal auf die sogenannte Ehe für alle zurückkommen. Ein bibelkundiger Leser hat mich darüber aufgeklärt, dass Gott gleichgeschlechtliche Beziehungen verdamme, da in der Bibel steht: „Du sollst nicht bei einem Mann liegen wie bei einer Frau, denn es ist ein Gräuel" (3. Buch Mose 18,22). Es ist interessant, dass manche Menschen genau zu wissen glauben, was Gott will – weil es in einem Buch steht, das vor Tausenden Jahren von Menschen geschrieben wurde, die dies ebenfalls zu wissen glaubten. Auch ich habe in der Bibel einige interessante Stellen entdeckt, zum Beispiel diese: „Keine Frau darf männliche Kleidungsstücke tragen", denn das ist Gott ebenfalls „ein Gräuel" (5. Buch Mose 22,5). „Du darfst nicht deinen Bart am Rande stutzen" (3. Buch Mose 19,27). „Du sollst an den vier Zipfeln deines Oberkleides, mit dem du dich umhüllst, Quasten anbringen" (5. Buch Mose 22,12). Das alles hat sich Gott persönlich ausgedacht, keine Frage, und es ist Wort für Wort zu befolgen. Einer Frau, die einen Mann bei einer Rauferei „bei den Schamteilen packt", soll man „die Hand ohne jedes Erbarmen abhauen" (5. Buch Mose 25,11-12). „Wird ein Mann dabei angetroffen, dass er einer verheirateten Frau beiwohnt, so sollen beide sterben" (5. Buch Mose 22,22). Da werden sich viele, ob Mann oder Frau, ganz schön umschauen. Ich glaube, alle müssen sich gewaltig umstellen, damit Gott zufrieden ist. Vielleicht sollten wir zum Einstieg damit beginnen, an den vier Zipfeln unseres Oberkleides Quasten anzubringen.

Tankstellen des Glaubens

Am Sonntag wird der „Tag der Autobahnkirchen" gefeiert. In Deutschland gibt es 44 Autobahnkirchen. Sie wurden alle an spirituellen Orten errichtet, die schon seit Jahrtausenden von unseren Vorfahren zu Kulthandlungen aufgesucht wurden. Die Autobahnen wurden überhaupt erst gebaut, um die später dann Autobahnkirchen genannten geistlichen Zentren besser erreichen zu können und miteinander zu verbinden. Heute gibt es in Deutschland 19 evangelische und acht katholische Autobahnkirchen sowie 17 in ökumenischer Trägerschaft. Der Freiburger Erzbischof Stephan Burger hat sie als „geistliche Raststätten" und „spirituelle Tankstellen" bezeichnet. Noch nicht durchsetzen konnte sich die Drive-through-Autobahnkirche mit Segen-to-go für eilige Reisende. Doch der Autobahnkirche gehört die Zukunft. Bald werden die Autobahnraststätten nicht mehr benötigt und durch ein flächendeckendes Netz an Autobahnkirchen ersetzt. In den geistlichen Raststätten und Vesperkirchen können sich Reisende dann leiblich und seelisch stärken und die Seele auftanken oder wahlweise auch baumeln lassen. Vor allem: An spirituellen Tankstellen wird Spiritualität der neue Treibstoff sein. Die Fahrzeuge werden dann angetrieben mit evangelischer und katholischer Kraft oder ökumenischem Mischtreibstoff, esoterischer Energie, der inneren Stärke des Zen-Buddhismus oder durch transzendentale Schwingungen. Der spirituelle Kraftstoff löst bald die fossilen Brennstoffe ab und lässt Autos nicht nur fahren, sondern – losgelöst von allem Irdischen – in höhere Sphären abheben.

Fifty Shades of Luther

Das Lutherjahr kommt langsam richtig auf Touren. In vielen Veranstaltungen wird der Reformator gefeiert. Auch der Buchhandel freut sich über eine Flut von Neuerscheinungen wie „Die Marke Luther", „Martin Luther. Rebell in einer Zeit des Umbruchs", „Der rebellische Mönch", „Luther. Rebell am Ball", Quatsch: „Luther. Ein deutscher Rebell" oder das Jugendbuch „Luther, was läuft?" Weitere Neuerscheinungen sollen bald folgen. Joanne K. Rowling will nach ihrem Harry-Potter-Zyklus mit „Martin Luther und die Kammer des Schreckens" für Spannung sorgen. Auch Timur Vermes will an seinen letzten Bestseller mit dem Roman „Luther. Er ist wieder da" anknüpfen – der Reformator erwacht darin in der ehemaligen DDR und fährt einen Wartburg. Richard David Precht hat ein Buch angekündigt mit dem vielsagenden Titel „Wer ist Martin Luther, und wenn ja, wie viele?" Auf dem Buchmarkt sind es auf jeden Fall sehr viele. Im Karl May Verlag Bamberg erscheint als Band 95 der Gesammelten Werke Karl Mays endlich „Martin Luther und sein Freund Old Firehand". Als weitere Neuerscheinungen sind laut Börsenblatt des Deutschen Buchhandels angekündigt „Luther im Wunderland", „Dr. Luther und Mr. Hyde", „Der alte Luther und das Meer", „Die unerträgliche Leichtigkeit des Lutherseins" sowie „Fifty Shades of Luther". Noch in diesem Frühjahr kommt nach dem Erfolg von „Luther, was läuft?" als Set mit einem Paar Walkingsticks der Fitnessratgeber und Wanderführer „Nordic Walking mit Martin Luther" auf den Markt – ein Buch, das auch verstockte Katholiken ansprechen soll.

Das Eis der frommen Denkart

Die Palette ungewöhnlicher Eiskreationen ist seit dieser Woche um zwei neue Sorten reicher. Zum G7-Gipfel in Taormina wurde ein Donald-Trump-Eis präsentiert. Darin enthaltene Früchte stehen für die Farben der US-Flagge, das Topping erinnert an Trumps gelbliche Haare. Da kann man sich gleich die Kugel geben. In Mannheim hat der Spaghetti-Eis-Erfinder Dario Fontanella das „Ökumene-Eis" vorgestellt: ein Milcheis mit Brioche-Stücken, das sich mit einem Sorbet aus Trauben verbindet. Laut Fontanella soll es „sensorisch das Abendmahl darstellen" und zwei christliche Denkweisen in einem Eis fusionieren. Was will uns dies nun sagen? Zwei Gottesmänner haben sich bereits an die Auslegung dieser Neuschöpfung herangewagt. Mannheims evangelischer Dekan Ralph Hartmann vertritt die These, die Verbindung von Brot und Wein zeuge „von tiefer theologischer Kenntnis", und die Brotstückchen symbolisierten jene Dinge in der Ökumene, „an denen wir zu knabbern haben". Der katholische Mannheimer Dekan Karl Jung wiederum sieht in der Zusammenführung von Brot und Traubensaft im Hinblick auf die gemeinsame Feier des Abendmahls gar etwas Visionäres. Werden Gläubige beider Konfessionen beim Abendmahl also ein Ökumene-Eis in die Hand bekommen? Und dennoch daran zu knabbern haben, weil dann darüber gestritten wird, ob das Eis am Stiel, im Becher oder in der Tüte überreicht werden soll? Falls darauf eine neue Eiszeit in der Ökumene anbrechen sollte, muss man die Möglichkeit in Erwägung ziehen, dass manche Theologen einen an der Waffel haben.

Ein göttliches Spiel

Religion und Fußball geben dem Leben eine Dimension, die über das Alltäglich-Profane hinausweist. Für einige ist Fußball gar zu einer Ersatzreligion geworden. Ohne Zweifel dient der Ballsport der Bewusstseinserweiterung. Während die Religion vor allem mit den Kategorien des Diesseits und Jenseits operiert, hat der Fußball darüber hinaus das Abseits zu bieten – eine Dimension, von der die Kirchenväter noch nichts ahnten. Der evangelische Bischof Markus Dröge hat anlässlich des elften interreligiösen Fußballspiels zwischen Pfarrern und Imamen in Berlin erklärt, der Dialog der Religionen könne vom Fußball einiges lernen. Zum Beispiel, in der Sache zu streiten, um „der Wahrheit Gottes ans Licht zu verhelfen", ohne unfair oder gewalttätig zu werden. Allerdings sei die religiöse Wahrheit, anders als beim Fußball, nicht nach 90 Minuten herauszufinden, wie Bischof Dröge einräumt. Daher ein Vorschlag zur Güte: Alle vier Jahre findet künftig eine interreligiöse Fußballweltmeisterschaft statt. Jede Religion schickt ihr eigenes Team in den Wettbewerb, Christen, Muslime, Juden, Hindus, die Buddhisten mit den fünf Tibetern als Abwehrriegel und das Team der Indianer mit dem Fußballschuh des Manitu. Auflaufen dürfen auch Mormonen, die Zeugen Jehovas, Sunniten, Schiiten, Stalaktiten oder die Kirche des fliegenden Spaghettimonsters. Wer als Sieger den Pokal der religiösen Wahrheit erobert, hat für vier Jahre die Wahrheit gepachtet. In dieser Zeit herrscht Ruhe im Karton, bis der Nächste gewinnt oder der Weltmeister seinen Titel verteidigt. Denn die Wahrheit liegt auf dem Platz.

Franz-Peter Tebartz-van Elst

Es ist ein Phänomen unserer Zeit, dass Großbaupro-
jekte oft aus dem Ruder laufen. Der Berliner Flughafen etwa sollte ursprünglich 2,5 Milliarden Euro kosten,
inzwischen sind es 4,7 Milliarden. Erst funktionierte der
Brandschutz nicht, dann waren Leitungen nicht isoliert
oder Rolltreppen zu kurz. Planungsfehler und Bauverzö-
gerungen ließen die Kosten explodieren. Das alles erinnert doch sehr an das Bauprojekt Limburger Domberg.
Anfangs sollte es 2,5 Millionen Euro kosten, nun ist von
31 Millionen die Rede. Aber ist das allein die Schuld von
Franz-Peter Tebartz-van Elst? Keineswegs. Gut, auf die
Adventskranzhalterung für 100 000 Euro hätte der Bischof mit dem komplizierten Namen verzichten müssen.
Doch Franz-Teber Eber-van Elzbart ist nicht für alle
Mehrkosten verantwortlich. Auch das Limburger Dom-
kapitel hat versagt. Wie beim Berliner Flughafen gab es
wohl Fehler bei der Planung. Eine Überprüfung hat nun
gezeigt: Die Rollbahn auf dem Limburger Domberg ist
so kurz, dass dort große Flügelaltäre weder abheben noch
landen können. Es war auch nicht Hans-Peter Teearzt van-
Elster, der die Himmelsleiter durch eine teure Rolltreppe
ersetzen ließ. Unfair ist es auch, Elster-Franz van-Trebar-
zel vorzuwerfen, er habe ein großes Orchester engagiert,
wo er sich doch mit einer kleinen Privatkapelle begnügt.
Ist es letztlich nicht vielleicht überhaupt anmaßend, von
Fehlern in der Planung zu sprechen? Gewiss handelt es
sich hier um einen göttlichen Plan, dessen Sinn uns nur
verborgen bleibt. Ein Plan, in dem auch Eber-Hans van-
Elb Transpeter seine Aufgabe hat und behalten muss.

Alles wird gut

In dieser wankelmütigen Zeit, in der Menschen alles Mögliche fordern, von dem sie glauben, dass es gut für sie sei, in der der Zeitgeist weht, wohin er will und dabei bedenkliche Richtungen einschlägt, die zuweilen von der katholischen Lehre deutlich abweichen, verkündet die Kirche unumstößliche, ewige Wahrheiten. Das war schon immer so gewesen. Gut, es gab im Lauf der Jahrhunderte einige Feinjustierungen. Zum Beispiel werden schon lange keine Kreuzzüge ins Heilige Land mehr veranstaltet, weil „Gott es will", wie es einst hieß. Auch die Erde wird mittlerweile nicht mehr als Mittelpunkt der Welt betrachtet, um den sich die Sonne dreht. Es gibt heute auch keine Hexen mehr. Vor ein paar hundert Jahren gab es noch jede Menge davon. Der Index verbotener Bücher wird nicht mehr fortgeschrieben. Offenbar darf man inzwischen alles lesen. Der Limbus, eine Art Vorhölle für Kinder, die ungetauft sterben, wurde im Jahr 2007 offiziell abgeschafft. Das sind nur einige Beispiele. Nun hat sich die Bischofssynode in Rom mit dem Thema Ehe und Familie beschäftigt und diskutiert, vorehelichen Sex nicht mehr in jedem Fall als Sünde, Homosexualität nicht als widernatürlich und die erneute Heirat von Geschiedenen nicht als dauernde Todsünde aufzufassen. Wo soll das alles noch hinführen? Bleibt am Ende, nach der Abschaffung der Kreuzzüge, der Idee von der Erde als Zentralgestirn, der Hexenverfolgung, der Vorhölle für ungetaufte Kinder, des Index für verbotene Bücher und der Heiligen Inquisition nur das Gebot der christlichen Nächstenliebe übrig? Vielleicht wäre das gar nicht so schlecht.

Spirituelle Wanderlust

Die Welt des Wanderns ist ständig in Bewegung. Beliebt sind zum Beispiel Bergwandern, Volkswandern, Trekking oder Speed Hiking. Auch das spirituelle Wandern findet immer mehr Freunde. Hierbei handelt es sich um einen Besinnungssport, der auf die Tradition der Wandermönche zurückgeht. Das mehrtägige oder auch mehrwöchige Unterwegssein diente dem höheren Ziel der Gottessuche, im erweiterten Sinn auch der existenziellen Sinnsuche. Das spirituelle Wandern hat nicht die Einkehr im Gasthaus, sondern die innere Einkehr zum Ziel – und es ist ein konfessionsübergreifendes Phänomen. Für das spirituelle Wandern buddhistischer Ausprägung ist, da Buddha als Hauptweg der Erleuchtung den „achtfachen Pfad" lehrt, eine besondere spirituelle Kondition vonnöten. Nach buddhistischer Lehre wartet die Erleuchtung erst am Ende des Wegs – buddhistische Spiritualwanderer scheinen also von beleuchteten Wanderwegen nicht viel zu halten. Schwer im Kommen ist inzwischen das Nordic Spiritual Walking mit Stöcken. Es wird wohl bald eine neue Religionsgemeinschaft hervorbringen, die „Kirche der Verstockten". Die größte sportliche Herausforderung auf dem Gebiet des spirituellen Wanderns ist zweifellos die Seelenwanderung. Hierzu lässt sich nur wenig Gesichertes mitteilen, doch spricht vieles dafür, dass Seelen, da sie von allem irdischen Ballast befreit sind, dem Nacktwandern besonders aufgeschlossen gegenüberstehen. Vor dem Aufbruch zur Wanderung verabschieden sich Seelen mit guten Manieren vom Körper höflich mit den Worten: Ich bin dann mal weg.

Reisepass im Nirwana

In den Himmel wollen nach ihrem Tod viele. Hindus wiederum glauben an Wiedergeburt, also daran, dass die Seele in einem neuen Körper weiterlebt. Ich war gerade in Indien. Um dorthin zu kommen, brauchte ich ein Journalistenvisum. Für dieses benötigte ich ein offizielles Begleitschreiben des Indischen Tourismusministeriums in Neu-Delhi. Schon nach drei Monaten erhielt ich das auch. Das Begleitschreiben musste ich mit meinem Reisepass und dem Visumantrag an das Indische Generalkonsulat in Deutschland schicken. Dort ließ man sich – die indische Bürokratie ist berühmt – mit der Bearbeitung ebenfalls Zeit. Manche meiner Kollegen erhielten ihre Unterlagen erst zwei Tage vor Beginn der Reise. Ich nicht. Mir wurde zu diesem Zeitpunkt mitgeteilt, dass mein Reisepass im Konsulat verschollen sei. Vielleicht ist er in irgendeinem Kasten verschwunden. Das Kastensystem ist in Indien ja noch längst nicht überwunden. Mit der Wiedergeburt verhält es sich übrigens so: In welchen Körper die Seele zurückkehrt, hängt von ihrem Verhalten im vorangegangenen Leben ab. Dabei greift das Prinzip des Karma: Aus guten Handlungen erwächst Gutes, aus schlechten Schlechtes. Ich weiß nun nicht, ob mein Reisepass tot ist oder gerade wiedergeboren wird, ob er vielleicht schon ein neues Leben führt oder sogar ins Nirwana eingegangen ist. Eines aber weiß ich sicher: Die Mitarbeiter des Indischen Tourismusministeriums werden dereinst als Schnecken wiedergeboren, die des Konsulats als Schwarzes Loch, das alles verschluckt. Ich aber komme ganz bestimmt in den Himmel.

Vier Kekse für ein Halleluja

Das Lutherjahr neigt sich langsam seinem Ende zu. Es lieferte wertvolle Denkanstöße und bescherte uns auch einen reichen Schatz an Dingen, die an die Botschaft Martin Luthers erinnern. Sehr beliebt ist die Luther-Playmobilfigur: Der Plastik-Reformator wurde über eine Million Mal verkauft. Auch Luther-Socken, Luther-Puzzles und Luther-Quietscheenten tragen eine über den Tag hinausweisende Botschaft in sich. Schon verzehrt wurden gewiss die Luther-Tomaten, der Kuchen im Glas in den Geschmacksrichtungen „Luther" und „Katharina", das „Große Luthergedeck 1 Pott Kaffee & 1 Stück Kuchen 6,50 Euro", die Luther-Nudeln und die Luther-Kekse. Die „Reformationssalami" mit einem Porträt Luthers auf der Wursthaut hält sicher länger – und soll gewiss nicht den Eindruck erwecken, dass Luther vielen Wurst ist. Auch die Luther-Tasse dürfte Bestand haben. Wer nicht alle Luther-Tassen im Schrank hat, besitzt dafür womöglich den Tassenuntersetzer „Hallo Luther", die Brotdose Luther oder das Luther-Frühstücksbrettchen. Gar nicht verkauft wurden die von der evangelischen Jugendkirche in Düsseldorf in Auftrag gegebenen Luther-Kondome, auf deren Verpackung sinnreich stand „Hier stehe ich, ich kann nicht anders". Verpasst wurde die Gelegenheit, in Anlehnung an Luthers Erkenntnis „Aus einem verzagten Arsch kommt kein fröhlicher Furz" ein fröhliches Luther-Furzkissen unter die Menschen zu bringen. Dafür bleiben uns der Reformatoren-Papphocker und der Einkaufswagenchip „Luther". Dies dürfte dem Glauben wichtige neue Impulse geben.

WILLKOMMEN IN BLABLA-LAND

SPRACHE UND LIFESTYLE

„Ich könnte grad die ganze Zeit heulen,
weil es einfach so geil ist."
(Andreas Wellinger)

Der Spirit sei mit euch!

Im Fußball ist der Spirit zurzeit schwer im Kommen. „Ohne Spirit keine Qualität", sagt der Trainer Carlo Ancelotti. Bremens Trainer Alexander Nouri will mit dem richtigen „Spirit ins Spiel gehen". Oliver Bierhoff, Teammanager der Fußballnationalmannschaft, stellt fest: „Wir haben einen guten Spirit aktuell." Und die Würzburger Kickers haben „den fränkischen Spirit". Die neue Spiritualität erfasst auch andere Bereiche. Die Biathletin Laura Dahlmeier sagt: „Der Spirit bei uns stimmt." Wo früher Einstellung und Sportsgeist genügt haben, braucht es heute einen Spirit. Wo lernt man, sich so auszudrücken? In spiritistischen Sitzungen? Mithilfe von Spirituosen, zum Beispiel Himbeerspirit? Die Schauspielerin Reese Witherspoon wirbt für Kosmetik und will „den Spirit der Marke widerspiegeln". Bald wird sich der Spirit auch mit dem Sprit und der Marke Sprite vermengen. In der Werbung wird man dann hören: „Sprite – das Getränk mit dem frischen Spirit", oder: „Tanken Sie diesen Sprit, denn er hat Spirit. Ab zehn Litern gibt es eine Dose Sprite gratis". Der Spirit ist überall auf dem Vormarsch. Ein neues Buch über Seelsorger heißt „Zwischen Spirit und Stress". Der Weltgeist, also der Weltspirit, sortiert sich gerade neu. Die abendländische Spiritgeschichte wird umgeschrieben werden müssen. Georg Wilhelm Friedrich Hegels „Phänomenologie des Geistes" wird dann zeitgemäß „Phänomenologie des Spirits" heißen. Es dauert wohl nicht mehr lange, bis das Weingut Bürgerspital zum Heiligen Geist umbenannt wird in „Bürgerspital zum Heiligen Spirit". So sei es. Friede sei mit euch. Und mit eurem Spirit.

Lokus im Fokus

Das Deutsche birgt einige durchaus sperrige Begriffe – wie etwa Organverwalter oder Schwengelrecht. Eine Abstandseinhaltungsvorrichtung ist die Bodenmarkierung vor einem Kundenschalter, ein ineinandergreifender Gliederkettenverschluss ein Reißverschluss und ein konisch geformter Schüttgutbehälter mit Zentralauslauf ein Trichter. Straßenbegleitgrün ist ein Grünstreifen am Straßenrand, Spontanvegetation steht für Unkraut. Das Amtsgericht Düsseldorf hat kürzlich einem Mieter im Streit um eine Kaution recht gegeben, obwohl Urinspritzer des stets im Stehen pinkelnden Mannes den Marmorboden der Toilette teilweise verätzt hatten. Das Pinkeln im Stehen gehöre zum vertragsgemäßen Gebrauch einer Mietwohnung, urteilte das Gericht. Hingegen liegt laut einem anderen Urteil ein Grund zur Kündigung vor, wenn sich ein Mieter fernab der mitvermieteten Keramik ständig im Garten erleichtert. Gleichermaßen verwerflich ist es gewiss, wenn einer ins Straßenbegleitgrün oder gar in die Spontanvegetation hineinpinkelt. Juristisch völlig korrekt verhält sich dagegen, wer im WC gemäß der Toilettenbenutzungsverordnung in die Hocke geht, bis sein Gesäß in die Sitzaufnahme einrastet. Gut beraten ist zweifellos auch, wer sich unter Berücksichtigung der Abstandseinhaltungsvorrichtung nach der ordnungsgemäßen Öffnung seines ineinandergreifenden Gliederkettenverschlusses durch einen konisch geformten Schüttgutbehälter mit Zentralauslauf Erleichterung verschafft. In diesem Fall darf der Organverwalter bedenkenlos von seinem Schwengelrecht Gebrauch machen.

Willkommen in Blabla-Land

Die Evangelische Kirche ist jetzt vom Verein Deutsche Sprache als „Sprachpanscher" ausgezeichnet worden. Während Martin Luther für seine Bibelübersetzung oft wochenlang nach passenden deutschen Wörtern gesucht habe, glänze die Kirche heute mit Wortschöpfungen wie „Godspots" oder dem Motto „Segen erleben – Moments of Blessing", so die Begründung. „Moments of Blessing" ist zweifellos ein sehr segensreiches Motto. Womöglich wird Blessing gar ein neuer Trend – und reiht sich bald ein in den Reigen bewährter Beschäftigungen wie Climbing, Trekking, Mountainbiking und Nordic Walking. Blessing gibt vielleicht manchen nicht den richtigen Kick, kann sich aber sprachlich durchaus neben Activities wie Bowling, Bungee Jumping, Crawling oder Stand Up Paddling sehen lassen. Man könnte statt Stand Up Paddling zwar auch Stehpaddeln sagen. Aber das ist leider ein deutsches Wort, und das wird heute oft nicht mehr so gerne genommen, weil es nicht jenen hippen Touch hat, der die Fit-for-Fun-Fans ganz crazy im Kopf macht. So wie Rafting, Canyoning, Cycling, Scheuring, halt: Shopping oder Couch Surfing. In München gibt es jetzt Jodelkurse, sie heißen „Urban Yodeling". Bald wird das Schwimmen im Freien Open Air Swimming heißen (im Unterschied zum Indoor Swimming im Hallenbad) und kombinierbar sein mit Herumlieging, Tretbooting, Plansching oder Waterboarding. Spätestens dann wird sich als neuer Megatrend in unserem Blabla-Land flächendeckend das Power Labering, Dummbabbeling, Extremschwafeling und Vollschmarring durchsetzen.

Brangelina und Konsorten

Die Sängerin Taylor Swift und der Schauspieler Tom Hiddleston haben sich verkuppelt. Das Netz hat bereits einen Namen für dieses Paar erfunden: Hiddleswift. Die Verschmelzung von zwei Namen oder Begriffen zu einem – Sprachwissenschaftler sprechen hier von einem Kofferwort – ist ein häufig zu beobachtendes Phänomen. Es begegnet uns zum Beispiel in dem Wort Cambozola, einer Verbindung von Camembert und Gorgonzola. Aber auch anderer Käse wird sprachlich nach diesem Rezept zusammengebaut, etwa Brunch (Breakfast und Lunch). Am beliebtesten ist die Verschmelzung zweier Personennamen zu einem, was seltsame Mischwesen hervorbringt. So wird aus Arjen Robben und Franck Ribéry dann Robbéry, und aus Brad Pitt und Angelina Jolie wird Brangelina. Die enge Zusammenarbeit von Kanzlerin Angela Merkel und Frankreichs damaligem Präsidenten Nicolas Sarkozy brachte 2011 das Kofferwort Merkozy hervor, wobei mir persönlich Sarkokel noch besser gefallen hätte. Nun also Hiddleswift. Was kommt als Nächstes? Wäre es nicht gut, Florian Silbereisen und Helene Fischer würden bald als Silberfisch oder wenigstens Fischeisen in den Schlagzeilen auftauchen? Schön wäre auch, die Sänger Marsha Hunt und Mellow Mark würden gemeinsam auftreten und künftig als Marshmellow durch die Medien geistern. Meine Lieblingsliaison aber wäre, wenn die Sänger Alice und Engelbert als Alibert eine sprachliche Einheit bildeten. Gut möglich, dass sich auch Modemacher Giorgio Armani und Model Claudia Schiffer zusammentun und sich für dieses Duo das Kofferwort Arsch durchsetzt.

Alles Müller, oder was?

Das Berufsleben befindet sich in ständigem Wandel. Viele Tätigkeiten, die einst in hohem Ansehen standen, gibt es mittlerweile nicht mehr. Dafür kamen neue hinzu, wie etwa der Biberberater: eine Figur, von der man meinen möchte, sie sei einem Märchen entsprungen. Aber offenbar leben heute zahlreiche Biber unter uns, die sich beraten lassen wollen und auf professionelle Hilfe zählen können. Und dann gibt es noch jene Berufe, die einen neuen Namen erhalten, der irgendwie mehr hermacht als der alte. Deshalb heißt der Hausmeister inzwischen Facility Manager, der Rübenbauer heißt Fachagrarwirt, und der Beckenbauer heißt Kaiser Franz. Ab sofort gilt nun wieder etwas Neues: Der Müller heißt jetzt „Verfahrenstechnologe Mühlen- und Getreidewirtschaft". Das wird natürlich nicht ohne Auswirkungen auf weitere Bereiche unseres Lebens bleiben. Der Molkereiproduktehersteller Müller Milch wird dann wohl mit dem Slogan „Alles Verfahrenstechnologen, oder was?" werben. Auch all die Märchen, in denen es von Müllern wimmelt, müssen bald umgeschrieben werden. „Der arme Müllerbursch und das Kätzchen" der Brüder Grimm heißt dann „Der sozial benachteiligte Verfahrenstechnologie-Trainee und der Cat Content". Der Beliebtheit des Liederzyklus „Die schöne Müllerin" von Franz Schubert tut es gewiss keinen Abbruch, wenn er künftig unter dem Namen „Die schöne Verfahrenstechnologin Mühlen- und Getreidewirtschaft" firmiert. Und wer wollte denn nicht mehr mitsingen, wenn es ab sofort heißt „Das Wandern ist des Verfahrenstechnologen Lust?" Na gut, ich vielleicht.

Die Welt des Styles

Ich habe gelesen, dass sich die Sonnenbrillen jetzt „bunt und stylisch" präsentieren. Die Sommerfrisuren seien „mal klassisch, mal stylisch", die Mode für den Bräutigam „stylisch und trendy". Ein Modemacher erklärt: „Wäsche muss zum Styling passen." Ein Einrichtungsexperte verrät: „Das perfekte Möbelstück ist stylisch, preiswert und stabil." Die perfekte Frau ist auf jeden Fall auch stylisch, hat „stylische Outfits" und pflegt ihren „Style". Es gibt heute Menschen, die haben das Wort Stil nicht mehr drauf. Sie können nur noch Style sagen. Es ist eine Art sprachliche Behinderung, die sich als neuer Sprachstyle etabliert hat. Diese Stylisten sagen statt stilvoll oder schick stylisch oder gleich stylistisch – sofern sie das noch auseinanderhalten können. In einer Hotelbewertung wird eine „stylische Unterkunft" gelobt, in einer anderen heißt es, das Design-Hotel sei „stylistisch aufgemacht". Ja was jetzt? Das Magazin „InStyle" – verflucht sei sein Name – beschreibt, was „stylische Frauen täglich tun". Der Herr sei ihnen gnädig. Ein Internetportal lobt den „stylischsten iPad-Halter ever, ein Must-Have". Es ist ein Mega-Gaga-Gelaber der Sonderklasse, das man wohl nur in einem fortgeschrittenen Stadium der Gehirnerweichung so stylisch beziehungsweise stylistisch rüberbringt wie das Magazin „Cosmopolitan": „Mit dem Half-Tuck-Look wird dein Outfit mega stylisch." Dieser inferiore, ja infernalische Quatsch dehnt sich langsam auf alle Lebensbereiche aus: Inzwischen gibt es sogar stylische Staubsauger und Renaissancegemälde. Bald kommt ein neuer Duden heraus. Vermutlich wird er stylisch sein.

Der Kunde ist Königin

Der Bundesgerichtshof hat entschieden, dass Frauen keinen Anspruch auf eine weibliche Anrede in Formularen haben. Das Gericht wies die Klage einer Sparkassenkundin zurück, die nicht als Kontoinhaber oder Kunde, sondern aus Gründen der Gleichberechtigung als Kontoinhaberin oder Kundin angesprochen werden will. Die Klägerin betont, es sei ihr Recht, „als Frau in Sprache und Schrift erkennbar" zu sein. Wohl wahr. Denn sonst ist der Kunde nicht König – und schon gar nicht Königin. In Sachen geschlechtergerechter Sprache bleibt also noch viel zu tun. Frauen müssen in allen Bereichen des Lebens sprachlich sichtbar werden – im Positiven wie im Negativen. Es gibt heute zum Glück nicht nur Kontoinhaberinnen, sondern auch Präsidentinnen oder Premierministerinnen. Auf der anderen Seite aber führt kein Weg an der Erkenntnis und deren sprachlicher Umsetzung vorbei, dass es nicht nur jede Menge Blödmänner, sondern auch Blödfrauen gibt, die das Recht haben, als solche in Sprache und Schrift erkennbar zu sein. Auch der Wasserhahn im Bad sollte, sofern er weiblich ist, Wasserhenne genannt werden – es sei denn, das Armaturenteil fühlt sich einem dritten Geschlecht zugehörig. Dies ist zweifellos eine Herausforderung auch für alle Mitglieder und Mitgliederinnen dieser Redaktion. Hier gibt es mannigfach – und meinetwegen auch frauigfach – zu tun, bis sich alle Kontoinhaberinnen, Zwitter, Zwitterinnen und letztlich alle und allinnen in Formularen wiederfinden. Wäre das, falls es gelingen sollte, nicht herrlich? Und ausreichend dämlich sicher auch.

Sexting im Usability Quick-Check

Der Digitalstandort Würzburg hat gerade einen großen Sprung nach vorne gemacht – auch sprachlich. Bei der „Wuerzburg Web Week" wurde in über 80 Veranstaltungen gezeigt, was die digitale Szene heute so alles drauf hat. Player aus dem Software- und Media-Business waren ebenso vertreten wie Start-ups oder ein Career Centre. Von Meetups und Barcamps bis zu Instawalks war laut Veranstalter alles geboten. Gleich zum Auftakt waren Big Data in Real World Apps Thema, weiter ging es mit dem Workshop Cybermobbing und Sexting, mit Virtual Reality, Chatbot Insights und dem DevOps-Meetup XXL. Neben einem Hackathon standen ein Usability Quick-Check auf dem Programm sowie Crowdfunding, Software Engineering und E-Commerce. Und Business 4.0, klar. Wichtig war auch Denken – also Thinking – „out of the box" für die Performance oder das Corporate Health Management, whatever. Business Coaches sowie Business Professionals informierten Power User etwa über das Thema „be cool & be secure". Cool. Außerdem ging es um Design Thinking, Social-Media-Recruiting, Performance Marketing und Leadership Upgrade 4.0 durch Coaching, sowieso. Wer trotz Get-together noch Power hat, kann als Start-up nach dem Meetup jetzt auch noch zum Warm-up. Das klingt alles schon sehr fresh and cool. Mein Usability Quick-Check hat allerdings auch dröge Programmpunkte wie „Ausblick 2018" und „Künstliche Intelligenz" entdeckt. Warum die nicht „Outlook 2018" und „Artificial Intelligence" heißen, verstehe ich nicht. Das hätte man sprachlich noch etwas upgraden können.

Der politisch korrekte Pfifferling

Die Sprachwissenschaftlerin Elisabeth Wehling hat ein Buch geschrieben, es heißt „Politisches Framing". Darin erklärt sie, wie „gerahmte Sprache" das Denken beeinflusst. Ihrer Auffassung nach hat auch das Wort Flüchtling einen Bedeutungsrahmen, der sich „politisch gegen Flüchtlinge richtet". Warum? Die Endung „-ling", sagt Frau Wehling, werte Menschen ab und mache sie klein, und das Kleine stehe oft für Schlechtes und Minderwertiges. Sie schlägt daher vor, statt von Flüchtlingen von Geflüchteten zu sprechen. Zuerst dachte ich, „Framing" sei nur ein aufgesetzter Begriffshokuspokus, mit dem die Autorin ihr Buch und sich selbst ins Gespräch bringen will. Nach einigem Nachdenken muss ich aber zugeben: Die Frau hat recht! Ist nicht auch Säugling ein Wort, das sich politisch gegen Babys richtet? Besser wäre es, den Säugling „Kind mit Wachstumspotenzial" zu nennen. Zwilling klingt ebenfalls bedenklich. Auch Schmetterling hat etwas Abwertendes, man sollte ihn lieber als „farbenfrohes Flatterwesen" bezeichnen. Genauso ist Liebling ein klar verunglimpfendes Wort, finden Sie nicht? Wer will schon einen Liebling in seiner Nähe haben? Auch das Wort Frühling hat einen negativen Beigeschmack, deshalb ist der Frühling auch die unbeliebteste Jahreszeit. Der Pfifferling ist auch so ein Fall. Wer von Pfifferlingen spricht, verfolgt klare Absichten: Er blickt auf diesen Pilz herab, statt ihm auf Augenhöhe zu begegnen. Wie Flüchtling hat das Wort Pfifferling einen abwertenden Charakter. Wer statt Pfifferling Eierschwammerl sagt, ist sprachlich auf der sicheren Seite.

Smombies mit Vollpfostenantenne

Ich höre oft, dass man sich einer natürlichen Sprachentwicklung nicht verweigern dürfe. Das meine ich auch. Daher weiß ich, dass Hopfensmoothie heute das bezeichnet, was früher, als die Zeiten noch nicht so smooth waren, Bier genannt wurde. Analog-Spam ist ein Werbebrief, der per Post kommt, und ein Fleischdesigner ein Chirurg. Banalverkehr wiederum steht für einen belanglosen Chatverkehr – und ist insofern mit dem Flatrate-Labern verwandt. Ein Vollpfosten ist ein Vollidiot, und aus selbigem ragt jetzt oft eine Vollpfostenantenne heraus – der Selfiestick. Diese Begriffe zählen angeblich zur Jugendsprache, genauso wie „Fly sein", was so viel bedeutet wie jemand oder etwas „geht besonders ab" und vom Langenscheidt-Verlag gerade zum Jugendwort des Jahres gekürt wurde. Das so zusammengetragene Vokabularium ist bereits reich an Preziosen: Ein Smombie ist eine Person, die wie ein Zombie aufs Smartphone starrt, ein Stand-by-Blick ein geistig abwesender Gesichtsausdruck. Die „Apothekenumschau" heißt Rentner-Bravo und kompostieren beziehungsweise rumoxidieren – also nichts tun – war zeitweise noch angesagter als chillen. „Isso" bedeutet, etwas zu unterstreichen, und Gehirnfasching, dass jemand abwegige Ideen hat. Bei mir ist übrigens oft Gehirnfasching. Bevor ich also irgendwelche Smombies mit Stand-by-Blick beim Flatrate-Labern oder Banalverkehr beobachte und ihnen ihre Vollpfostenantenne so justiere, dass sie zum Fleischdesigner müssen und anschließend die Rentner-Bravo abonnieren, werde ich jetzt lieber ein wenig kompostieren oder zumindest rumoxidieren. Isso.

Voll korrekt, ey!

Die Worte „Negerkönig" und „Negerlein" haben in Kinderbüchern keinen Platz mehr. Sprache muss heute politisch korrekt sein. In den USA gibt es dankenswerterweise das „Offizielle politisch korrekte Wörterbuch". Darin findet sich zum Beispiel die Empfehlung, eher kleine Menschen als „in der Senkrechten Benachteiligte" oder als „vertikal Herausgeforderte" zu bezeichnen. Leider hat sich das in Deutschland noch nicht durchgesetzt. Immerhin werden Arme verschiedentlich schon „Menschen, die von Armut betroffen sind" genannt – das klingt menschlicher und macht echt betroffen. „Das Gott" – so etwas gibt es jetzt auch – wird es sicher freuen. Die nicht ganz so Hellen sollte man (und frau!) als von „Armut im Geiste Betroffene" oder als „bildungsfern" bezeichnen. Es müssen nun endlich auch neue, politisch korrekte Titel für Märchen und Kinderbücher her. „Der Struwwelpeter" etwa könnte heißen „Frisurentechnisch benachteiligter Peter". Hans Christian Andersens Märchen „Der Tölpel-Hans" klänge doch gleich viel versöhnlicher, hieße es „Der bildungsferne Hans". Und „Das hässliche Entlein" könnte man problemlos umbenennen in „Das im Aussehen noch optimierbare Entlein". Das ist voll korrekt ey, ich schwör! Man sollte auch „Moby Dick" wenigstens in „Moby Mollig" umbenennen. Das Kinderbuch „Die kleine Hexe" müsste politisch korrekt eigentlich „Die zur Zeit der Hexenprozesse zu Unrecht verfolgte und vertikal herausgeforderte Frau" heißen. Und statt „Die sieben Zwerge" könnte man auch einfach sagen „Die sieben in der Senkrechten Benachteiligten". Mit etwas gutem Willen geht das, wäre doch gelacht.

Unfallflucht ist kein Kavalleriedelikt

Der Fußballer Bruno Labbadia klagte einmal, von den Medien werde alles immer gleich „hochsterilisiert". Und er hatte natürlich recht – auch wenn er mit seiner Wortwahl leicht danebengriff. Im Fachjargon nennt man dies Malapropismus. Das ist ein unabsichtlicher Falschgebrauch eines Fremdworts oder ein humoristischer Kunstgriff, bei dem ein Wort absichtlich in unsinniger Weise verwendet wird. Wir wissen nun nicht, welcher malapropistischen Fraktion sich jener Polizeibeamte zugehörig fühlt, der kürzlich seinem Pressebericht folgende Mahnung anfügte: „Unfallflucht ist kein Kavalleriedelikt". Was will uns dieses sagen? Geht es da um die Kavallerie alter Schule? Oder doch eher um ein Klavierdelikt? Wenn nicht gar, da ja von Beschädigungen die Rede war und ein Kavalier somit schwerlich am Werke gewesen sein konnte, um ein Krawalleriedelikt? Wir wollen nun keine kritische Rezession des erwähnten Polizeiberichts verfassen, zumal wir uns zuweilen selbst in einem fortgeschrittenen Stadion der Sprachverwirrung befinden, besonders in dieser Glosse hier, die immer mit einem Genital beginnt. Klar ist: Jeden Tag aufs Neue Texte zu schreiben, ist eine Syphilisarbeit. Dabei kann selbst einer, der gute Zäsuren in der Schule hatte und eine Konifere auf seinem Gebiet ist, ganz schön in die Patrouille kommen. Wir wollen uns damit nun nicht geschickt aus der Atmosphäre ziehen, aber zumindest so viel aufs Trapez bringen: Fehler wird es immer geben, trotz karibischer Korrekturleser und intrigiertem Rechtschreiblexikon. Deshalb muss man auch nicht jedes Kavalleriedelikt gleich hochsterilisieren.

Zack und schwups

Kürzlich las ich eine Kolumne über das Weihnachtsfest. Darin stand: „Zack, ist plötzlich Heiligabend, und schwups, sind die Ferien schon wieder vorbei." Wenn ich so etwas lese, macht es bei mir zack, und schwups bin ich schon genervt. Dabei sind Wörter wie zack und schwups ein interessantes literarisches Phänomen. Denn als adverbial integrierte Interjektionen führen sie – wie der Inflektiv der Comicsprache (zum Beispiel „Hechel") – ein Stilmittel der mündlichen Kommunikation in die Schriftsprache ein. Also das wahre Leben. Wie war es denn zum Beispiel bei Goethe, als er sein Drama „Faust" schrieb? Also in echt jetzt? Es war so: Goethe setzte sich hin, und ihm fiel – Grübel – erst mal nichts ein. Er nahm das leere Papier – Raschel – in die Hände, hatte aber noch immer keine Idee. Seufz. Goethe ärgerte sich: Grmpf! Und schenkte sich erst mal ein Glas Steinwein ein, blub-blub, und labte sich an dem Trunk, gluck-gluck. Dann machte es rumms, zack flog die Tür auf, und schwups stand sein getreuer Eckermann im Zimmer. Pah und hmpf, dachte Goethe, der sich gestört fühlte. Klong!, hatte er Eckermann eine gelangt, und – Boing! – gleich noch eine, so dass dieser geknickt – Schluchz – abzischte. Ächz, machte Goethe, sich an sein literarisches Vorhaben erinnernd. Ui, dachte er plötzlich, denn ihm kam die Idee von Faust, Mephisto und des Pudels Kern. Rattazong, machte die Schreibmaschine, die er nicht hatte, stattdessen flog seine Feder ritsch-ratsch übers Papier, und er schrieb – Hechel! – in einem fort: Laber, Schwafel, Sülz, Palaver. Dann machte es zack, und schwups war das Drama fertig.

Proaktiv durch die Nacht

Japans Regierungschef hat erklärt, sein Land verfolge die Politik eines „proaktiven Pazifismus". Die Bundesregierung will den Finanzmarkt „proaktiv überwachen". Der Kosmetikhandel bietet unter dem Motto „Proaktiv gegen Pickel" Hautpflegeprodukte an. Proaktive Politik, proaktiver Pazifismus, proaktiv gegen Pickel: meinetwegen, wenn es dem Frieden dient. Früher gab es die Unterscheidung zwischen aktiv und passiv. Inzwischen gibt es auch proaktiv. Laut Duden bedeutet das Wort „durch differenzierte Vorausplanung und zielgerichtetes Handeln die Entwicklung eines Geschehens selbst bestimmend und eine Situation herbeiführend". Bislang gab es erloschene und aktive Vulkane. Man muss davon ausgehen, dass es heute auch proaktive Vulkane gibt. Das sind Vulkane, die durch differenzierte Vorausplanung und zielgerichtetes Handeln die Entwicklung des Geschehens selbst bestimmen und so die Eruption herbeiführen. Selbst Joghurt ist heute oft proaktiv. Der Quark, ein eher passives Milchprodukt, kann da nicht mithalten. Auch die „Aktiven Senioren Bietigheim-Bissingen" müssen sich unbequeme Fragen gefallen lassen. Würden sie nämlich zielgerichtet handeln, dürften sie sich „Proaktive Senioren Bietigheim-Bissingen" nennen. Wenn die Grammatik auf der Höhe der Zeit bleiben will, wird sie neben den Verbformen Aktiv und Passiv wohl bald auch ein Proaktiv einführen müssen. Anders geht es nicht. Katzen waren bislang ausreichend qualifiziert als nachtaktive Tiere. Ich nehme an, dass Katzen, die wirklich was drauf haben, inzwischen auch nachtproaktiv agieren.

Neue hippe Lifestyle-Trends

Ich lese so dies und das. Dem Bericht über eine literarische Veranstaltung entnehme ich, dass dort ein „Spoken-Word-Text" vorgetragen wurde. Spoken Word, also gesprochenes Wort – das klingt interessant. Leider ist das Theater noch nicht ganz auf der Höhe der Zeit. Sonst könnte man die Inszenierungen dort als „Spoken-Word-Performances" – wie sagt man da heute – promoten. In einem Magazin werden Modetrends für das Frühjahr vorgestellt. „Stripes" (Streifen), die jetzt als „Blockstripes" zu sehen sind, spielen eine wichtige Rolle. Und das „Flip Dress" kommt zurück, man darf jetzt sogar einen „Cardigan" darüber tragen (meinetwegen gerne auch darunter). Der „Casual Look" setzt derweil auf „Tops", „Vintage-Clothing", „Retro-Shirts", „Streetstyle" und „Ethno-Capes", wobei auch „Shapewear" eingesetzt werden kann und die richtigen „Basics" untereinander kombinierbar – also combinable – sind, logisch. Es gibt passend zur „Body Wear" auch „Running-Schuhe" oder „Walking-Schuhe" zum Runnen und Walken, außerdem „Running-Bekleidung" und „Performance-Walking-Schuhe" (wohl für die Walking Performance) sowie „Lifestyle-Schuhe" und „Outdoor-Schuhe" (das Wort Shoes haben sie offenbar noch nicht drauf). Outdoor-Schuhe, also Schuhe für draußen: sagenhaft. Schwer angesagt sind derzeit außerdem der „hippe Grandma-Look", der „Boho-Style" oder – ist ja eh wurscht – der „Geek-Chic-Style". Weiteren Input gibt es bei den hippen Style-Cracks im Fashion-Shop. Ich nehme an, das Beratungsgespräch seitens des Fachpersonals muss man sich als Spoken-Word-Performance vorstellen.

Sein und Zeit und Dings

Geht es Ihnen auch manchmal so, dass Sie nach einem Namen oder Begriff suchen, er liegt Ihnen auf der Zunge, aber dann kommt doch nur – „Dings" heraus? Oder „Ding", als Platzhalter für das Ungenannte und Namenlose? Dann sind Sie von ganz großen Gedanken gar nicht weit entfernt. Das führt uns zum Philosophen Martin Heidegger (1889-1976), der über Sein und Zeit, Wesen und Dings nachdachte. In seinem Vortrag „Das Ding" erklärte er: „Der Krug west als Ding. Der Krug ist der Krug als ein Ding. Wie aber west das Ding? Das Ding dingt." Und so weiter. Tja. Da fällt einem, Ding, erst mal nicht viel dazu ein. Aber die Aussage ist klar: Das Ding, es ist nicht nur, sondern es west seinem Wesen gemäß, will sagen: es dingt. Wie aber ist es mit dem Menschen? Nun, der Ding, der Mensch, er west auch, sogar das Verwesen liegt im Rahmen seiner Möglichkeiten. Der Mensch west und verwest, verdingt sich aber auch und macht sein Ding. Er ist Verweser und Verdinger zugleich, während das Ding nur dingen kann, wie ja schon der Ding, der Heidegger, längst verwest, festgestellt hat. Wenn aber das Ding dingt, dann muss man auch annehmen, dass das Bums bumst, wie ich in meinem eigenen Opus „Dings ist das neue Bums" guter Dinge verdingst, äh: verdeutlicht habe. Über Heideggers Philosophie vom Dingen des Dings noch hinaus aber führt Giovanni Trappatonis Lehrsatz: „Fußball ist nicht nur Ding. Fußball ist Ding Dang Dong." Ein Dreiklang, den gewiss auch Martin Heidingsfeld, Quatsch: Heidegger in seiner Eigenschaft als Verdinger des Dings bedingt dingfest gemacht und unbedingt verdingst hätte.

Deppen Leer Zeichen

Ein Loch ist da, wo etwas nicht ist. Diese Erkenntnis hat Kurt Tucholsky schon 1931 in seiner Betrachtung „Zur soziologischen Psychologie der Löcher" festgehalten. Heute findet sich immer häufiger dort, wo einst zwei Worte eines bildeten oder ein Bindestrich zwei Wörter zusammenhielt, ein Loch. Zum Beispiel bei der Werbung für eine „Voll Reinigung". Oder für „Milch Kaffee" – den kann man sich wohl selbst zusammenschütten. Vermutlich gibt es bald auch Rind Fleisch, Brat Wurst und Weiß Brot, weiß Gott. Bereits erhältlich ist „Würfel Zucker" – offenbar ein neues Spiel. „Rohr Zucker" dagegen ist vermutlich ein Fall für den Installateur. Das Phänomen, Wörter auseinanderzureißen oder den Bindestrich wegzulassen – beziehungsweise das Loch, das sich dort auftut, wo er fehlt – wird auch als Deppenleerzeichen bezeichnet. Bei Theaternamen ist der Bindestrich inzwischen total out, siehe das „Schiller Theater" (Berlin), „Thalia Theater" (Hamburg) oder „Mainfranken Theater" (Würzburg). Bald ziehen sicher Bundesländer nach und nennen sich „Rhein Land Pfalz" oder „Nord Rhein West Falen". Ein Schild weist den Weg zum „Behinderten WC". Ist das WC behindert? Ein anderes Schild verkündet: „Parken verboten: ausgenommen Kirchen und Friedhofsbesucher": Welche Kirchen dürfen da parken, die Autobahnkirchen? Gewiss gibt es inzwischen nicht nur behinderte WCs, sondern auch behinderte Parkplätze. Die Sprache fällt auseinander, es fehlt der Zusammen Halt. Eine Sprachschule bietet jetzt einen „Deutsch Integrationskurs" an – da kann man wohl lernen, wie man Wörter, die zusammengehören, auseinanderschreibt.

Strabs macht die Straßen schöne

Laut Kommunalabgabengesetz dürfen Gemeinden zur Finanzierung und Sanierung ihrer Straßeninfrastruktur Beiträge von den Anliegern erheben. Genaueres regelt die Straßenausbaubeitragssatzung. Für diese unerfreuliche Angelegenheit haben sich Verwaltungsbeamte eine schöne Abkürzung ausgedacht, nämlich: Strabs. Trotz dieses die Fantasie anregenden Namens sorgt die Straßenausbaubeitragssatzung Strabs oft für Unmut. Die Freien Wähler wollen die Straßenausbaubeiträge daher abschaffen. Die Politik wäre allerdings gut beraten, den Bürgern statt Strabs dann Slips (Straßenlaterneninstallationspflichtsatzung) anzubieten. Neben Slips könnte der Straßeninfrastruktur überdies ein BH (Bürgerhilfsprogramm) oder, noch besser, ein Spitzen-BH (Straßenpflichtinvestitionstilgungszentrum-Bürgerhilfsprogramm) guttun. Zur Ergänzung des Spitzen-BH wäre im Sinne der Bürgernähe kommunalpolitisch auch ein Bikini (Behördenirrsinnskorrekturinitiativkreis) sinnvoll. Zudem könnte Strabs durch einen Tanga (Transportwegeabgabenettogratisausgleich) ersetzt werden. Hilfreich wäre in diesem Zusammenhang sicher auch eine weitere Satzung namens Dessous (Deutsche Straßensonderunterhaltssatzung). Letztlich wird es ohne Strabs aber nur gehen, wenn sich die Bürger stattdessen mit Dekolletee (Deutsche kollektive Trassenerneuerungserklärung) anfreunden. Wenn sich Politiker und Bürger also in Zukunft statt mit Strabs verstärkt mit Slips, BH, Spitzen-BH, Bikinis, Tangas, Dessous und Dekolletees beschäftigen, dann muss uns um die Zukunft der Straßenausbaufinanzierung nicht bange sein.

Das Paradies hat wieder geöffnet

Der liebe Gott hatte es einst gut mit den Menschen gemeint und ihnen einen Platz im Paradies eingerichtet. Im Buch Genesis ist nachzulesen, dass er den Menschen aus einem Erdenkloß formte, ihm den lebendigen Odem in seine Nase blies, sodann einen Garten Eden pflanzte und den Menschen hineinsetzte. Er ließ in dem Garten „aufwachsen aus der Erde allerlei Bäume, lustig anzusehen" (Genesis 2,9), schuf einen Strom, den Garten zu wässern, und es gab gut zu essen. Wie die Geschichte weiterging, ist bekannt. Seitdem ist der Mensch auf der Suche nach dem verlorenen Paradies. Wo ist dieser Ort? Gibt es ihn überhaupt noch? Und wenn ja, ist er uns zugänglich? CSU-Chef Horst Seehofer behauptet, Bayern sei die „Pforte zum Paradies". Aber wo ist dann die Zentrale? Im „Bullenheimer Paradies", der uns nahen Weinlage? RTL nannte eine Flirtshow bibelnah „Adam und Eva – gestrandet im Paradies". Eine neue Flugroute bringt Reisende laut Air China „direkt ins Paradies". Vanessa Paradis dagegen lebt wie Gott in Frankreich. Die Niederlande sind laut Eigenwerbung ein „Paradies für Tulpenliebhaber", Deutschland dagegen nur ein „Paradies für Steuersünder". Das Riesenlabor Cern in Genf wiederum ist laut deutscher Presseagentur das „Physiker-Paradies", während sich jeder zweite Baumarkt als „Handwerkerparadies" bezeichnet. Ein Einkaufszentrum erklärt sich zum „Bummelparadies", im Schwarzwald findet man das „Badeparadies", und im Rheinland ein Restaurant namens „Eierkuchen-Paradies". Ich glaube, das alles kann der liebe Gott nicht gewollt haben.

Fränkische Geografie

Am Sonntag wird der Tag der Franken gefeiert. Das erfüllt uns mit Stolz auf unsere Region, auch wenn wir uns mit der Unterscheidung zwischen hartem P und weichem B, zwischen G und K oder D und T schwertun. Daher, mit Blick auf die Landkarte und fränkische Aussprache, ein kleiner Grundkurs in Geografie. Franken ist ja berühmt für seine Weinberge und WINDSOR. Auf dem Main fahren oft große TANGER. Hier fühle ich mich wohl, das ist MAILAND. Vielerorts ist es sehr ruhig, da KAMERUN, denn es ist KANADA. Oft HAMMERFEST gefeiert. Indien ist anders, da tragen viele einen DURBAN. Ja, das DUNDEE. Wenn sie viel trinken, haben sie ganz schön was INDUS. Ich habe hier einen guten BOSTON. Aber daheim sitze ich oft nur herum und CHILE. Daher habe ich jetzt einen Hund, NORWEGEN der Bewegung. Neulich wollte ich mit ihm Gassi gehen, da sagte der Hund zu mir: Ich hab keine Zeit, ich BELGRAD. Achtung, gleich wird es noch DOVER. Ich war in der Post, die hat schon wieder das BORDEAUX erhöht. Dort wurde ich Zeuge eines Streits. Ein Mann sagte zu einem anderen: Schieben Sie mal Ihren BRIGHTON Arsch aus dem Weg! Der antwortete: DES MOINES Sie jetzt nicht im Ernst, oder? Ich CANNES nicht fassen – ich weiß nicht, was ich sagen soll. Darauf Ersterer: Wenn du es nicht in Prosa sagen kannst, dann REIMS! Und er schrie: Die SAUDI blöde versperrt mir den Weg! Darauf haute ihm der Angesprochene ein BAHRAIN. Als die Polizei kam, haben beide ihr Verhalten sehr BAYREUTH. Ich finde daher, am besten ist es, immer freundlich zu sein. Da kann man sich nicht VERDUN.

Ein megageiles Hammerleben

Wenn ich auf die Olympischen Winterspiele zurückblicke, bleibt mir vor allem eines in Erinnerung: Es war einfach nur geil. Rodler Tobias Arlt sagte in Vorfreude auf die Siegerehrung: „Aufs Podest zu gehen, wird einfach geil." Skirennläuferin Victoria Rebensburg fand vieles „supergeil". Ski-Freestylerin Sabrina Cakmakli, die ebenfalls geile Auftritte hatte, meinte: „Es ist ein Hammerleben. Es ist mega, dass ich hier sein darf." Rodler Felix Loch wagte mit Blick auf dieses Hammerleben die hammermäßige Analyse: „Das ist hammergeil". Seine Kollegin Natalie Geisenberger sagte nach ihrem dritten Olympia-Sieg: „Sollte noch etwas dazukommen, ist es geil." Eisschnellläufer Moritz Geisreiter meinte nach einem enttäuschenden Platz: „Leider kann ich nicht sagen: geil." Denn geil ist das Hammerwort, das man sagen muss. Thomas Dreßen kündigte an: „Jetzt hau' ich einen geilen Lauf runter!" Auch in Kitzbühel, so der Skirennläufer, sei es „einfach nur geil" gewesen. Skispringer Richard Freitag fand es schon bei der Vierschanzentournee „megageil". Wo genau die qualitativen Unterschiede zwischen megageil, supergeil, hammergeil und einfach nur geil liegen, ist sprachwissenschaftlich bislang nur unzureichend erforscht. Ich aber sage euch: Bald werden Wintersportler ihre Leistungen auch als gigageil und gagageil einordnen. Beziehungsweise als supermega oder gigakrass. Skispringer Andreas Wellinger, der es auf der Vierschanzentournee „wahnsinnig geil" oder auch „einfach nur geil" fand, tat in Südkorea kund: „Ich könnte grad die ganze Zeit heulen, weil es einfach so geil ist." Das könnte ich auch.

Der Mut der neuen Zeit

Das aus dem Indogermanischen stammende Wort Mut bezeichnete einst edle Gesinnung und Tapferkeit. Siegfried, der den Drachen erschlug, darf zweifellos als sehr mutig gelten. Friedrich Schiller wiederum schrieb in seiner Ballade „Der Kampf mit dem Drachen" relativierend: „Mut zeiget auch der Mameluck, Gehorsam ist des Christen Schmuck." Und Immanuel Kant forderte: „Habe den Mut, dich deines eigenen Verstandes zu bedienen." Inzwischen hat der Begriff Mut eine Mutation durchlaufen. Wer zum Beispiel „Mut zur Lücke" zeigt, muss nicht mehr ganz so mutig sein wie Siegfried. Gleiches gilt für eine Band, die „mutig Hardcore, Rock und Tanzmusik" mischt. Ein Künstler, der ein Arrangement aus Müll zusammenstellt, wird für seine „mutige Installation" gelobt. Ein Magazin präsentiert „Modetrends für Mutige", eine Stilberaterin empfiehlt schwarzen Lippenstift – „wenn man mutig genug dafür ist". Am mutigsten sind heute die Architekten. Wenn wieder einmal ein potthässlicher Neubau an einen Ort gesetzt wird, an den er passt wie die Faust aufs Auge, ist meist von einer „mutigen Architektur" oder „mutigen städtebaulichen Form" die Rede. Ich schlage daher vor, künftig Sängern, die keinen Ton treffen, zu ihrem „mutigen musikalischen Vortrag" zu gratulieren. Warum denn nicht? Wer weiße Socken zu Sandalen trägt, sendet gewiss ein „sehr mutiges" optisches Signal. Und wer zwei und zwei nicht zusammenzählen kann und als Ergebnis „fünf" vorschlägt, stellt nach dieser Logik eine „mutige Rechnung" auf. Man muss den Mut haben, das auch mal so zu sehen.

Communication Innovation Slam

Ich habe eine Einladung erhalten. Ich soll an einem Communication Innovation Slam teilnehmen. Anschließend sei noch Zeit für Networking, heißt es in der Mitteilung. Darüber muss ich nachdenken. Plattformen wie Facebook und Twitter werden immer wichtiger. Die Mediennutzung wandelt sich, und mit ihr die Sprache. Die User müssen mit frischem Content versorgt werden. Schlüsselbegriffe im digitalen Journalismus sind, wie ich in einer deutschen Fachpublikation lese, Movability, Intermediacy, Conversational Ability, Linkability, Visual Engagement, Playfulness und Remixing. Open-Newsroom-Sessions sind angesagt oder Morning Briefings der User durch E-Mail-Newsletter sowie Storytelling oder Storyfolding am Multimedia-Desktop mit Support durch Open Space Pools. Es geht um Tools, Touchpoints und Trending Topics, um Clicks und Homepage-Traffic, logo, um Selfies und Posts (am besten mit Cat Content) und um Dings, na: Distributed Content und Content Management. Wichtig sind auch News via Messenger und WhatsApp, Social-only-Journalism für Facebook-Dauerchecker, Digital Junkies und die Browser Community, Instant Articles bei Apple News und Snapchat-Storys, yeah. Es geht letztlich um Crossmedia, Scribble, Scrabble, Twitter, Zwitter und Crossdressing. Ich bin da voll dabei. Jetzt wird auch noch ein Englisch-Workshop für Journalisten angeboten, von einem Coach mit Schwerpunkt Soft-skills, Leadership & Management-Training und Cross-cultural Communication. Ich glaube, ich gehe da hin. Dann bin ich beim Communication Innovation Slam der King.

Vom Abholen und vom Mitnehmen

Ich höre und lese oft, dass Leute fordern, man müsse „die Menschen dort abholen, wo sie sind". Manche sagen auch, man müsse „die Menschen mitnehmen". Ein Bildungsexperte sagt: „Wir müssen die Kinder da abholen, wo sie stehen." Ein Politiker erklärt: „Ich weiß genau, wohin ich will – aber ich will möglichst viele mitnehmen." Und ein Theologe meint: „Frohe Botschaft heißt: Menschen abholen, wo sie sind." Von Taxifahrern erwarte ich, dass sie die Menschen dort abholen, wo sie sind. Das ist sozusagen die Grundlage ihres Geschäftsmodells. Aber Bildungsexperten, Politiker und Theologen? Ein Fernsehkoch meint: „Wir müssen die Menschen mitnehmen." Bei mir ist es so: Immer wenn jemand sagt, er wolle die Menschen mitnehmen, fühle ich mich nicht abgeholt – und trotzdem ganz mitgenommen. Über einen Auftritt von Musikern in einem Gefängnis lese ich: „Die Rapper holen die Häftlinge dort ab, wo sie sind." Sie dürfen sie aber vermutlich nicht mitnehmen, sonst gibt es Ärger mit der Polizei. Die Menschen abholen, wo sie stehen: Und wenn die Menschen so viel getrunken haben, dass sie nicht mehr stehen können – muss man sie dann auch abholen? Manche sitzen ja auch. Ein Medienexperte will „die Menschen dort abholen, wo sie sitzen: vor dem Fernseher." Ich weiß nicht, ob die Menschen sich das gefallen lassen, wenn sie jemand vor dem Fernseher abholt und mitnimmt. Jetzt sagt ein Politiker auch noch: „Wir müssen dahin gehen, wo die Menschen sind und sie abholen." Ich finde: Alle, die so reden und schreiben, gehören doch abgeholt – egal, wo sie gerade sind.

Der große Performator

Der Sänger Alex Diehl, teilt die Pressestelle eines TV-Senders mit, wird seinen neuen Song im Studio „live performen". Auch Sängerin Gwen Stefani wird, man stelle sich vor, „live auf der Bühne performen", und Kanye West trägt seinen neuen Song nicht einfach vor, nein – er „performt" ihn. Der Sänger Frank Dellé will seinen neuen potenziellen Sommerhit nicht singen, sondern gleich „performen" oder wenigstens verformen. Früher genügte es, wenn Musiker und Sänger einen Song sangen, spielten, vortrugen, darboten oder präsentierten. Heute müssen sie sich die Frage gefallen lassen: Singst du noch, oder performst du schon? Daher performen sie, was das Zeug hält. Anders geht es ja nicht. Peter Fox performt mit Gästen. Silly-Sängerin Anna Loos sagt: „Ich finde die Idee toll, Songs zu performen." Nena meint, „zusammen mit Samy Deluxe zu performen ist perfekt". Und die Schlagersängerin Vanessa Mai hat eigenen Angaben zufolge bereits als Kind ihre „Lieblingsstars nachperformt". Was nicht gar. Sogar mitten in Bad Kissingen hat kürzlich ein deutsch-russischer Chor laut Ankündigung „Lieder performt". Früher, als das Performen noch nicht erfunden war, hätte der Chor singen müssen. Beim Poetry Slam werden Texte auf der Bühne natürlich nicht vorgetragen, sondern performt. Sogar Fußballspieler performen heute auf dem Platz. Ich warte jetzt darauf, dass Bundeskanzlerin Angela Merkel bei der nächsten Pressekonferenz ihren Standpunkt performt. Dann ist die Zeit gekommen für Arnold Schwarzenegger, um nach „Der Terminator" endlich in einem Film mit dem Titel „Der Performator" zu performen.

Keine Panik, alles easy und so

Hallöchen, ich bin's, Udo Lindenberg, El Panico, die Nachtigall aus Gronau – echt cool, Leute, dass ihr an meinem Geburtstag an mich denkt, denn heut werde ich 70, geile Sache! Ist 'ne echte Überraschung, bin ja mehrfach abgestürzt, fiel schon bei meiner Geburt direkt auf ein Doppelkornfeld und bin weit rausgeschwommen auf die Whisky-Ozeane. Ich war der große Exzessor, dann aber auf dem Trockendock und stieg ganz easy wie der Phönix aus der Flasche. Aktuell bin ich fit wie ein Turnschuh, steh oft schon gegen fünf Uhr nachmittags auf. Ich bin ja 'ne totale Nachteule, ein Nachtschattengewächs, und immer noch – der Greis ist heiß! – crazy nach all den Jahren, in denen ich im Schleuderfixgang unterwegs war mit dem Panikorchester, Elli Pyrelli, Emanuel Flippmann, den Randale-Söhnen und Grethe Weiser am Synthesizer. Ich bin ja nicht nur Jodeltalent, sondern auch Weltmeister in Nuschelkunde und Jacob-Grimm-Preisträger, weil ich die Sprache schön elastisch halte. Aber jetzt muss ich mal ganz locker eben easy mein Goldkehlchen ölen und mich warmlaufen für meine Stadiontournee: Die Bühne ist angerichtet, es wird hammergenial, riesengigantisch, absolut total Geilomat! Hinterm Lebenswerk geht's weiter, also bleibt cool, macht euer Ding so wie ich, irgendwas crazyes, egal, was die Schwachmaten raten. Immer lustig und vergnügt, bis der Arsch im Sarge liegt, und schön elastisch bleiben, ne, mal den Amazonas runterrudern und so, mit dem Sakko nach Monaco – checken, wo der Larry los ist und dann nach Las Vegas reiten, die Sonne putzen. Also keine Panik, alles easy und so, dödn döö döö . . .

Silber ist Gold

Redensarten und Sprichwörter sind das Salz in der Suppe der Sprache. Leider geraten viele von ihnen mehr und mehr in Vergessenheit, oder sie werden aus Unkenntnis falsch verwendet oder verdreht. Erst kürzlich hörte ich jemanden sagen, unter den Blinden sei der Einbeinige König. Im ersten Moment klang das ganz plausibel, aber dann fiel es mir wie Schuppen aus den Haaren und ich dachte mir, der hat ja nicht mehr alle Tassen im Kopf, oder er will mich vielleicht in den Bocksbeutel jagen, man kann doch nicht Äpfel mit Glühbirnen vergleichen! Aber man soll auch sein eigenes Licht nicht unter den Schemel stellen. Daher wies ich den Mann, der sich so ungeschickt ausdrückte und offenbar nicht mehr alle Waffeln am Zaun hatte, mit dem berühmten Sprichwort zurecht: Reden ist Schweigen, Silber ist Gold. Jemanden zu korrigieren, ist aber immer ein zweigleisiges Schwert. Eine Krähe wäscht die andere, und eher geht ein Kamel durch den Nadelwald, als dass es Säulen nach Athen trägt. So ist das, da beißt die Maus keine Waden ab. Jeder weiß: Je schöner der Abend, desto später die Gäste, nicht wahr? Daher soll man den Abend auch nicht vor dem Morgen loben. Es ist leider so: Die dicksten Bauern ernten die dümmsten Kartoffeln, und der Himmel hängt voller Arschgeigen. Wichtig ist es bei all dem, den Sand nicht in den Kopf zu stecken – oder, wie schon die alten Römer so trefflich formulierten: Mens sana in Campari Soda. Und wenn Sie alle Redensarten und Sprichwörter so gut beherrschen wie ich, dann können Sie ruhig auch mal ganz verspannt vier gerade sein lassen und alle fünfe von sich strecken.

Die Welt wird narrativ

Die Zeiten, in denen das Narrische nur in der närrischen Zeit gefeiert wurde, sind vorbei. Inzwischen können Witzfiguren sogar Präsident werden und das ganze Jahr über narrisch sein. Und narrativ. Jeder kann das. Ich habe gelesen, dass in Großbritannien jetzt die Brexit-Befürworter „das Narrativ übernommen haben". Sind die narrisch? Ja (natürlich sind sie das), aber nicht nur. Denn ein Narrativ – abgeleitet vom lateinischen narrare: erzählen – ist, soziologisch betrachtet, eine Deutung der Wirklichkeit, die Orientierung vermitteln oder Menschen beeinflussen soll. Ein Journalist schreibt über den SPD-Politiker Martin Schulz: „Sein Narrativ wird Europa sein." Eine Medienwissenschaftlerin fordert, die Politik müsse sich von der „Macht öffentlicher Narrative" befreien. Die Grünen möchten „das rechte Narrativ entzaubern". Und der Intendant der Bundeskunsthalle in Bonn ließ folgenden Satz vom Stapel: „Mein kuratorisches Credo ist das Narrativ." Was für ein wunderbar narrischer Satz. Auch Roboter sind im Netz schon narrativ: „Powered by Narrative Science" bedeutet, dass ein Text vollautomatisch aus Algorithmen gespeist wurde. Ob hinter Donald Trumps Twittermeldungen bereits ein narrativer Roboter steckt, der nach einem Kurzschluss qualmt und zischt und dem durchgeschmorte Drähte wirr aus dem Gehäuse hängen, steht zwar noch nicht zweifelsfrei fest. Doch gelingt es Trump gut, Narrative zu verbreiten, die seine Zuhörer und Follower ganz verrückt machen. Wir können aus all dem ersehen, dass die ganze Welt auf dem Weg ist, narrativ zu werden. Und komplett narrisch sowieso.

Eine monströse Lächerlichkeit

Mit Anglizismen verhält es sich meiner Meinung nach so: Es gibt viele, die unsere Sprache sehr bereichern, weil es kein besseres deutsches Wort für sie gibt. Und es gibt solche, die die deutsche Sprache so dringend benötigt wie ein Fisch ein Fahrrad – Wörter wie Meeting, Shopping, Handling, Storytelling, Sightseeing, Climbing und jetzt auch noch Homing (Daheimbleiben) oder Power Napping (ein Nickerchen machen). Der Humorist Gerhard Polt erfand daher schon neue Trends wie Mushroom Searching (Pilze suchen) und Fresh Air Snapping (frische Luft schnappen). Und der große Loriot hat bereits im Jahr 2002 erklärt: „Die Anglisierung unserer Sprache steigert sich allmählich in eine monströse Lächerlichkeit." Mit dem Verein Deutsche Sprache verhält es sich so: Er kritisiert unter anderem die Anglisierung unserer Sprache und ehrt Personen, die sich seiner Einschätzung nach um die deutsche Sprache verdient gemacht haben. Auch die Regionalgruppe des Vereins vergibt einen Preis als Zeichen der Anerkennung und Wertschätzung. Am heutigen Tag der deutschen Sprache sollte die sehr lobenswerte Aktion „Würzburg liest ein Buch" den Preis erhalten. Man hätte dem Verein „Würzburg liest" gratulieren können, wenn er den Preis angenommen hätte. Das tat er aber nicht – unter anderem mit der Begründung, der Verein Deutsche Sprache agiere „polemisch", daher sei eine Verbindung mit ihm „nicht angenehm". Das kann man so sehen, klar. Ich sehe das ein wenig anders. Von mir aus könnte der Verein Deutsche Sprache manchmal gerne etwas polemischer agieren. Das wäre mir sehr angenehm.

Unterwegs mit Lady Gaga

Dies ist ein Text über Menschen und Meinungen. Ich habe gerade gelernt, dass Personen, die sich für „sehr vornehme" Feingeister halten und anderen Polemik vorwerfen, gar nichts dabei finden, selbst polemisch und unsachlich zu werden. In jeder großen Gruppe von Menschen, die als Verein ein gemeinsames Ziel verfolgt, gibt es unterschiedliche Meinungen. Sicher auch beim Verein Deutsche Sprache, vielleicht sogar beim Verein „Würzburg liest ein Buch". Das entnehme ich der Tatsache, dass dort die Entscheidung, einen Preis des Sprachvereins abzulehnen, mehrheitlich, aber keineswegs einstimmig gefallen ist. Ich muss noch einmal darauf zurückkommen, da mir ein Leser in diesem Zusammenhang nun glaubte erklären zu müssen, dass es dem Sprachverein wohl gar nicht um Sprache, sondern um eine „ordentliche deutsche Gesinnung" gehe und sich Preisträger somit für diesen Zweck vereinnahmen ließen. Das ist sehr komisch. Den Kulturpreis Deutsche Sprache nahmen unter anderem Loriot und Udo Lindenberg an. Beide sind ja vor allem für ihre „deutsche Gesinnung" bekannt. Gleiches gilt wohl für alle Preisträger in unserer Region und damit auch für mich. Ich habe mich politisch eigentlich immer ganz woanders verortet, aber vermutlich bin ich ein Reaktionär, und wenn jemand eine „ordentliche deutsche Gesinnung" – was auch immer das sein soll – einfordert, lasse ich mich gerne vereinnahmen. Genauso wird es sein. Und die Erde ist eine Scheibe, Schach ist das Spiel mit den Würfeln. Und der Papst ist in Wahrheit eine Frau und tritt abends unter dem Namen Lady Gaga auf.

Zefix Sacklzement!

Sprachhüter warnen vor einem Aussterben des bayerischen Dialekts: Begriffe wie etwa Dradiwaberl fänden heute kaum noch Verwendung. Anthony Rowley dagegen, der an der Bayerischen Akademie der Wissenschaften
den Dialekt der Bajuwaren erforscht, ist davon überzeugt,
dass das Idiom der Laptop- und Lederhosenträger leben-
dig ist. Doch sind wir wirklich gut beraten, dieser Aussage
Glauben zu schenken? Keineswegs. Selbst die CSU, die in
ihren rauschhaftesten Momenten gewiss fest daran glaubt,
Bayerns Dialekt selbst erfunden zu haben, gerät sprachlich
zunehmend auf Abwege. So hat die Partei erst kürzlich in
einem Münchner Bürokomplex namens „Skygarden" ihre
Wahlkampfzentrale eröffnet und als „moderne Location"
gepriesen. A Location – ja wos is etz dös? San di narrisch?
A location hot doch in Minga nix zum suacha! Oba dös is
no ned ois. Etz deans ollawei a „Lounge in the City" und a
„Ladies After Work Party" veronstaltn fia di Krampfhenna.
Ja Herrgottsakra Zefix Sacklzement: „Ladies After Work
Party"! Do dean donn di junga Schicksn, oide Scheesn
und zuagroaste Britschn zammahocka. Jessasmaria! Auf
dera CSU-Homepage homs a no an „CSU-Shop", wo du
„Specials" kaffa konnst wia zum Beispui „JU Roll-Ups",
an „Web-Patch", a „FanBike" oder an „Babybody". Wos
bin i? Geh weida, an Babybody: I glaab i muaß brunzn. A
„CSUnity" homs do a. San die bsuffa? So a Glump, ver-
reckts, ja leckts mi doch am Oasch! So a damischs Gschmarr
komma nua med vui Oikohol ertrong. Ob di von dera
Zehässu a wieda omoi a gscheits Boarisch redn kenna?
Mei, nix Gwiss woaß ma ned. Oba schauma moi.

Eine hohe Affinität zum Bier

Es gibt einen Begriff, den heute alle im Munde führen, die sich mit geschraubtem Gerede leicht zu beeindruckenden Zeitgenossen als Feingeister präsentieren möchten. Ein Informatiker sagt, er habe eine „Affinität zu Computern". Ein Geschichtslehrer teilt mit, er habe eine „starke Affinität zur Historie". Ein Buchhändler, so lese ich, habe eine „Affinität zum Buch". Und eine Schriftstellerin sagt, sie habe „eine Affinität zur Sprache und zum Schreiben". Die Affinität dringt langsam in alle Bereiche des Lebens vor. Ein Innenminister sieht bei den „Reichsbürgern" eine „hohe Affinität zu Waffen". Ein Abbruchunternehmen hat dann wohl eine hohe Affinität zum Plattwalzen. In der Philosophie bezeichnet Affinität die Nähe oder Verknüpfbarkeit von Objekten oder Vorstellungen, wobei Immanuel Kant zwischen empirischer und transzendentaler Affinität unterscheidet. Ein Sittenstrolch hat laut seinem Anwalt „eine Affinität zu minderjährigen Frauen". Wenn es so weitergeht, wird es über einen Trinker bald nicht mehr heißen, er saufe halt gern, sondern er habe eine hohe Affinität zu hochgeistigen Getränken. Eine Braumeisterin erzählt, sie habe „schon früh eine hohe Affinität zum Bier" entwickelt. War die schon als Kind betrunken? Gewählter formuliert da eine Bierkönigin, die sich „eine Affinität für die Tradition von Hopfen und Malz" attestiert. Es wird nicht mehr lange dauern, bis eine Weißwurstkönigin erklärt, sie habe eine hohe Affinität zum Zuzeln – und auf Nachfrage auch erläutert, ob diese Affinität im Kantschen Sinne eher empirisch oder transzendental begründet ist.

Refugees welcome

In Deutschland werden Flüchtlinge von vielen willkommen geheißen. Das ist gut. Menschen, die zu uns kommen und gerne hier bleiben möchten, wollen sich integrieren. Das ist auch gut. Sprache ist der Schlüssel zur Integration, betonen Politiker immer wieder. Es sei notwendig, dass Flüchtlinge Deutsch lernen, sagen sie. Es ist daher wichtig, gleich von Beginn an gute Signale zu setzen. Ich nehme an, das ist der Grund dafür, dass Flüchtlinge oft schon an Bahnhöfen mit dem schönen deutschen Willkommensgruß „Refugees welcome" empfangen werden. Da wissen sie gleich, in welchem Land sie sind und welche Sprache sie lernen sollen. Oder sie verstehen nur Railway Station. Vielleicht gibt es zur Refugees Welcome Party beim Meet & Greet und Get-together auch Fingerfood oder Snacks. Ich hoffe aber sehr, dass niemand gerade ankommenden Flüchtlingen einen Coffee to go anbietet. Das könnte leicht missverstanden werden. Sobald Migranten vor No-go-areas gewarnt und mit cooleren Locations vertraut gemacht wurden, können sie und ihre Kids indoor durch Castingshows wie „Germany's Next Topmodel" viel über deutsches Brauchtum lernen. Und wenn sie dann wichtige deutsche Begriffe wie Shopping oder Factory Outlet Center drauf haben, können sie hier statt zu chillen als Trainees ihre Skills promoten und den Bachelor machen oder Purchasing & Supply Chain Management studieren und als Supply Chain Manager arbeiten. Dann werden Flüchtlinge, die Deutsch lernen sollen, vielleicht denken, dass dies hier ein sehr seltsames Land ist. Total strange, und irgendwie crazy.

Keine Ahnung von Orthopädie

Es ist oft weiß Gott nicht leicht, die richtigen Worte zu finden. Das geht vielen so. Besonders in Momenten der Erregung greifen manche gern mal daneben oder verwechseln die Buchstaben. So schrieb uns einmal ein Leser, der einen Bericht über ein aus seiner Sicht wichtiges Ereignis vermisst hatte, voller Groll: „Keine Zeile in der Zeitung: Was soll hier verduscht werden?" Nun, wir können Sie beruhigen – wir verduschen hier gar nichts, das lässt unser Browser gar nicht zu. Ein anderer Leser bat unter Hinweis auf seinen handschriftlichen Brief: „Entschuldigen Sie bitte meine äußere Form!" Kommen Fremdwörter ins Spiel, wird es zuweilen ganz bizarr. Der Leser Herr B. schrieb uns unter Verweis auf journalistische Leitlinien: „Es gibt doch einen Presse-Coteccs!" Ein Leserbriefschreiber ließ uns nach einem sprachlichen Missgriff seinerseits wissen: „Bitte entschuldigen Sie diesen Fehler, Montagvormittag funktionieren Fremdwörter bei mir nicht so gut." Nun, so geht es mir auch, deshalb schreibe ich meist auch nur am Samstag diese Glosse, die immer mit einem Genital beginnt. Aber dann bin ich so sprachsicher wie ein eremitierter Professor, schließlich habe ich das humoristische Gymnasium besucht. Im Zweifelsfall schaue ich ein Wort halt in Meyers Konfirmationslexikon nach. Rechtschreibung ist wichtig, aber viele haben leider von Orthopädie keine Ahnung – da gehen Sie mit mir sicher ganz chloroform. Dennoch muss man nicht jeden Fehler gleich hochsterilisieren. Sie sollen aber, das verlangt der Presse-Coteccs, auch nicht verduscht werden. Bitte entschuldigen Sie meine äußere Form.

Eine Prinzessin geht auf Reisen

In Großbritannien herrscht große Aufregung um das neue königliche Baby. Zum Glück heißt das Kind Charlotte Elizabeth Diana und nicht etwa – was ja auch möglich und für unsereins deutlich schwieriger auszusprechen gewesen wäre – Heather Meredith Gwyneth. Herzogin Kate und Prinz William haben nun mit ihrer Tochter den Kensington-Palast verlassen und wollen einige Tage auf dem Landsitz Anmer Hall in der Grafschaft Norfolk verbringen. Viele fragen sich nun, wo die kleine Prinzessin demnächst überall auftauchen wird. Nicht auszuschließen, dass sie mit ihren Eltern Prinzessin Dianas Bruder Earl Spencer in Althorp House bei Northampton einen Besuch abstattet. Leider bestehen keine verwandtschaftlichen Beziehungen zu den hierzulande dank Loriot bekannten Cousinen Gwyneth und Priscilla Molesworth. Unwahrscheinlich ist auch ein Besuch bei Williams früherer Bekanntschaft Isabella Amaryllis Charlotte Anstruther-Gough-Calthorpe, selbst wenn diese Babyclothes als Gethenk bereithielte. Gut möglich dagegen, dass Kate mit Charlotte Elithabeth Diana stattdessen bei ihren Couthinen Lithbeth Bling-Blythe in South Thickworth und Heather Fether-Faithful-Thrickam in Thurthington klingelt und Prinz William derweil auf dem Landthitz von Sir Ethelred Farthing-Woolworth in Habblethorpe Station macht oder seinen alten Schulgeistlichen Father Heathcliffe Bubblemouth-Soomthcopf am Firth of Forth zwischen Thous, Quatsch: South Thretham und Shythe-Cough aufthucht. Dann weith die kleine Prinzessin schon mal, wath demnächst tho alleth auf thie zukommt.

Flotte Schreibe dank frischer Denke

Einst galt es als besonders originell, die Schule Penne zu nennen. Und Journalisten, die es nötig hatten, priesen ihren Stil als „flotte Schreibe" an. Ohne eine Schreibe ging praktisch nichts. Heute genügt das allein nicht mehr: Zur „flotten Schreibe" muss nun auch eine „frische Denke" kommen. Manche fordern gar eine „neue Denke" oder eine „richtige Denke" – obwohl sie vielleicht erst mal eine gute Schreibe nötig hätten. Wenn jemand Mucke sagt, ist von Musik die Rede. Die Frisur geht inzwischen auch als Frise durch. Die Tankstelle wird gern als Tanke bezeichnet – klar, dass dort dann oft auch Abzocke stattfindet. Manche Menschen – oft solche, die mit der Kippe vor der Glotze hocken – nennen die Reinigungskraft Putze, die Sekretärin Tippse und die Stewardess, die den Getränkewagen im Flugzeug vor sich her schiebt, Saftschubse. Zeitgenossen, die sich einer eher ordinären Sprache bedienen, bezeichnen den Mund, mit dessen Hilfe wir verbal miteinander in Kontakt treten, der aber auf einer ganz pragmatischen Ebene auch der Nahrungsaufnahme dient, sinnigerweise als Fresse. Man kann das durchaus Kacke finden. Im Fernsehen sprechen Moderatoren, bevor sie einem Korrespondenten das Wort erteilen, oft von einer Schalte. Es gibt auch eine Telefonschalte. Man möchte solche Leute eigentlich gleich in die Klapse einweisen. Manchmal wünsche ich mir, obwohl es nicht meinem Sprachgebrauch entspricht, dass alle, die Worte wie Schreibe, Denke, Tanke, Putze, Frise, Tippse, Schalte oder Saftschubse im Munde führen, einfach mal die Klappe oder meinetwegen auch die Fresse hielten.

Immer schön fair bleiben

Mit der Aktion „Fair Play for Fair Life" (Gerechtes Spiel für ein gerechtes Leben) begleiten die Evangelische Kirche und das Hilfswerk „Brot für die Welt" die Fußballweltmeisterschaft. Die Aktion stellt Hilfsprojekte in Brasilien vor. Das ist gut. Es gibt auch eine Bar mit „fairen Cocktails", sie heißt „FairÄnderBar". Der Begriff verbindet die Worte „fair" und „Bar" und will gleichzeitig darauf hinweisen, dass die Welt veränderbar ist – und die Sprache sowieso. Schon vor Jahren hatte die Aktion „fairgeben – fairsorgen – fairteilen" Spielregeln für eine gerechte Welt angemahnt. Das klang schon sehr fair, aber auch etwas fairquast. In der „FairÄnderBar" nun, die das Trinken auf lobenswerte Weise mit dem Nachdenken über eine bessere Welt verbindet, kann man einen Cocktail namens „Fairer Hugo" zu sich nehmen. Ich plädiere dafür, dieses Angebot auszubauen und auch Getränke wie Fairmut, Fairpoorten Eierlikör oder Fairnet Branca anzubieten. Und zum Naschen Fairrero Küsschen. Womöglich versuchen ja bald die USA, ihr Image hierzulande mit dem Namen „Faireinigte Staaten von Amerika" aufzupolieren. Falls aber Straftäter eine Imagekampagne unter dem Motto „Fairbrechen" starten, käme ich mir fairdammt fairkackeiert vor. Doch könnten Floristen nicht faire Blumen anbieten wie Fairgissmeinnicht? Sollte die GEZ nicht für Rundfunkgebühren werben mit dem Slogan „Fairnsehen"? Und braucht es nicht auch faire Fairbesserungen im Fairnfairkehr? Fairstehen Sie, was ich sagen will? Liebe PR-Berater und Werbetexter, falls ihr weitere fairrückte Ideen benötigt: Ich stehe jederzeit zu eurer Fairfügung.

Wahnsinnige Visionen

Endlich beginnt die Fußballweltmeisterschaft. Welche Chancen hat das deutsche Team? Bundestrainer Joachim Löw weiß: „Nach menschlichem Ermessen ist es wahnsinnig schwer, in Südamerika den Titel zu gewinnen." Was in Löws Worten bedeutet: „Wer dort den Titel gewinnt, der hat wahnsinnig viel geleistet." Es geht also um wahnsinnig viel. Klar, dass Löw „wahnsinnig nachdenklich" wurde, als wichtige Spieler verletzt waren, und jetzt auch noch Marco Reus ausfällt, der sich „wahnsinnig schnell drehen" kann. „Wir haben wahnsinnig wichtige Aufgaben", sagt Löw. Und er weiß: Manchmal ist es „wahnsinnig schwierig, so richtig in das Spiel reinzukommen", selbst bei „wahnsinnig viel Ballbesitz". Doch die Spieler sind der Wahnsinn: Bastian Schweinsteiger, so Löw, ist „wahnsinnig wertvoll", Thomas Müller hat „wahnsinnig gute Fähigkeiten" und auch Toni Kroos spielt „wahnsinnig gut". Natürlich ist auch Lukas Podolski ein „wahnsinnig wichtiger Spieler" und Miroslav Klose „wahnsinnig wichtig" für die Mannschaft. Kein Wunder, dass es Löw „wahnsinnig befriedigt", seinem Team zuzusehen und ihm sein Job überhaupt „wahnsinnig viel Spaß" macht. „Ich bin wahnsinnig dankbar und glücklich, dass ich in dieser Position sein darf", sagte Löw dem Magazin „Stern". Oliver Bierhoff ist für Löw natürlich ein „wahnsinnig wichtiger Ansprechpartner". Und seinen Vorgänger Jürgen Klinsmann lobte Löw so: „Er hat wahnsinnige Visionen." Mit anderen Worten: Es ist der Wahnsinn. Heute beginnt also die WM, auf die sich Joachim Löw „wahnsinnig" freut. Ich glaube, ich werde jetzt auch bald wahnsinnig.

Thomas Mann und Thomas Frau

Liebe Leserinnen und Leser, anlässlich des Weltfrauentags wurde dieser Tage wieder einmal eine geschlechtergerechte Sprache gefordert. Das Studentenwerk etwa solle Studierendenwerk heißen, damit sich Studentinnen nicht ausgeschlossen fühlen. Die Sprache ist im Fluss, und wir müssen uns fragen, wie wir sie geschlechtergerecht weiterentwickeln können. Die Amtmännin – was für ein Unfug – tritt heute selbstbewusst als Amtfrau auf. Das ist ein Fortschritt. Eine Berliner Professorin hat dafür plädiert, Professoren nicht mehr als Professor oder Professorin oder gar Frau Professor anzureden, sondern geschlechtsneutral als Professx. Das ist ein guter Vorschlag – aber er ist nicht ganz neu. Es gab zum Beispiel in den USA den schwarzen Bürgerrechtler Malcolm X. Wie Professx hatte Malcolm X ein x am Ende seines Namens. Vermutlich sollte das ausdrücken, dass auch eine Frau von ihren Fähigkeiten her Malcolm hätte sein können. Oder Malcolm X war sogar eine Frau. Wir brauchen daher jetzt nicht nur eine Woche der Brüderlichkeit, sondern auch eine der Schwesterlichkeit. Und wir sollten nicht nur die Bücher von Thomas Mann, sondern auch die von Thomas Frau lesen. Wir brauchen nicht nur eine Verbrecherkartei, sondern auch eine Verbrecherinnenkartei. Wir müssen unsere Sprache verändern, damit sich alle in ihr wiederfinden: Frauen und Männer, unsere Söhne, Töchter und Töchterinnen, Diven und Divinnen, die Mitglieder und Mitgliederinnen aller Parteien, unsere Brüderinnen und Schwesterinnen, sämtliche Professx sowie alle Menschen und Menschinnen.

Am Ende des Tages

"Der Mond ist aufgegangen, die goldnen Sternlein prangen am Himmel hell und klar" – so beginnt ein berühmtes Gedicht von Matthias Claudius. Das Ende des Tages bot schon immer viel Raum für Poesie. Heute ist es oft weniger poetisch: „Am Ende des Tages gibt es auf kurzfristige Sicht keine Alternative." Sagt ein Bankenexperte zum Zinstief. Oder: „Am Ende des Tages wollen alle Geld verdienen." Früher war am Ende des Tages Feierabend. Heute geht es am Ende des Tages erst richtig los. Wir wissen es alle: Am Ende des Tages fängt der frühe Vogel den Wurm. Oder wird am Ende des Tages doch eher der späte Vogel aktiv? Lassen Sie mich Ihnen, die Sie diese Zeilen wohl am Beginn des Tages lesen, sagen: „Am Ende des Tages" ist eine aus dem Englischen übernommene Redewendung. „At the end of the day" bedeutet nichts anderes als „letzten Endes", „schließlich", „unterm Strich" – oder einfach nur „am Ende". Wer sich aber sein Schwafel-Diplom erarbeiten möchte, der sagt wie FC-Bayern-Vorstand Karl-Heinz Rummenigge: „Am Ende des Tages geht es im Fußball nur um eines: ums Geld." Und tagsüber wohl nicht? Fußballtrainer Jürgen Klinsmann meint: „Am Ende des Tages zählen die drei Punkte." Und am nächsten Morgen zählen sie dann wahrscheinlich nicht mehr. Comedian Michael Mittermeier sagt: „Am Ende des Tages musst du raus in die Welt." Da wird er vermutlich nicht mehr viel sehen, denn am Ende des Tages wird es schnell dunkel. Ich warte jetzt noch darauf, in einem Karriere-Ratgeber zu lesen: „Am Ende des Tages kommt es darauf an, früh aufzustehen." Na dann gute Nacht.

Birgit stoppt die Salafisten

Manche Abkürzungen sind eine echte Herausforderung. Zum Beispiel GeflPestSchV. Das steht für Geflügelpestschutzverordnung. Es gibt aber auch wohlklingendere Abkürzungen, etwa Elena (Elektronischer Entgeltnachweis). Weibliche Vornamen als Abkürzungen verleihen auch weniger schönen Dingen einen Hauch von Poesie. Im Bayerischen Innenministerium gibt es zum Beispiel die Arbeitsgruppe Birgit. Birgit steht für „Beschleunigte Identifizierung und Rückführung von Gefährdern aus dem Bereich des islamistischen Terrorismus/Extremismus". Auf Birgit ist Verlass, das ist gut. Aber das reicht noch nicht. Man muss Birgit noch Magda (Militärische Abwehr größenwahnsinniger Dschihadisten aus Arabien) zur Seite stellen. Und Ingrid, die „Initiative zur Neutralisierung grauenhafter radikaler Idioten und Deppen". Auch eine Arbeitsgruppe namens Sabine (Sofortige Ausweisung bewaffneter Islamisten nach Eritrea) könnte im Kampf gegen Terroristen helfen. Noch besser wäre es, Sabine zur Unterstützung eine Klothilde (Komplette Lokalisierung terroristischer Hilfskräfte deutscher Herkunft) zu geben. Sowie einen Schorsch (Strafverfolgung der Chefs der Organisationen salafistischer Chemiker) und Karlheinz (Kontrolle aller religiösen Laberer und Hetzer einschließlich Identifizierung neuer Zauselbärte). Birgit alleine kann nur wenig ausrichten. Aber zusammen mit Magda, Ingrid, Sabine, Klothilde, Schorsch und Karlheinz wird sie die Salafisten stoppen. Und wenn das erledigt ist, dann greift Ursula ein, die „Unverzügliche Reduzierung schwachsinniger und lächerlicher Abkürzungen".

Hier öffnet sich ein Zeitfenster

Auch wenn sich manche Menschen, denen wir begegnen, als nicht ganz dicht erweisen, so gibt es doch auch sehr Dichtes: Kein Land, lobte einst die Bundeskanzlerin, könne so dichte Fenster bauen wie Deutschland. Seit einiger Zeit ist Deutschland auch führend in der Produktion von Zeitfenstern. Schauspieler Til Schweiger meinte, nachdem er sich links ein neues Hüftgelenk einsetzen ließ: „Sobald ich wieder ein Zeitfenster habe, kommt die rechte Hüfte dran." SPD-Chef Olaf Scholz gibt zu bedenken, dass sich „Zeitfenster zur politischen Meinungsbildung schnell schließen" können. Ein Ofen-Experte erklärt, für den Austausch von Öfen seien die wärmeren Monate des Jahres „ein gutes Zeitfenster". In den wärmeren Monaten kann man das Zeitfenster übrigens auch ruhig mal offenstehen lassen. Einbrecher kommen nicht nur oft durchs Fenster, sondern arbeiten auch dort: Einer Polizeimeldung entnehme ich, dass Diebe „im Zeitfenster von Dienstagnacht und Mittwochfrüh" tätig waren. Wie mir gerade mitgeteilt wird, schließt sich in Kürze mein Zeitfenster, das ich habe, um diesen Text zu Ende zu bringen – und es sind noch acht Zeilen zu füllen. Also hurtig weiter: „Zeitfenster" nennt sich eine christliche Gemeinde in Aachen, in der „postmoderne Erwachsene mit und ohne Kinder zusammenkommen". Ach du lieber Gott! Es gibt inzwischen sogar ein „Zeitfenster-Management" und in der Landwirtschaft ein „Dünge-Zeitfenster". Neben dem Fensterln wird vermutlich auch das Zeitfensterln bald ein neuer bayerischer Brauch werden. Das wäre dann allerdings wiederum nicht ganz dicht.

Top-Locations für moderne Performer

Ich war auf einer Präsentation neuer Tourismus-Trends gewesen. Es wurden auch Reiseziele vorgestellt, im Tourismusdeutsch heißen die Destinationen. Die Referenten sagten, dass es neben Hit-Destinationen und Supersellern auch einige Flops und Loser gebe. Beach Holiday sei jedoch nach wie vor der Burner. Zu den aktuellen Highlights gehörten Lifestyle-Hotels, die neu gelabelt wurden. Adventure, Outdoor-Action und Nightlife, aber auch Beauty, Wellness und Lodges an Top-Settings seien die Hits. Man habe für Families mit Kids, aber auch für Singles, Party People und Silver Ager weitere Top-Locations in der Pipeline. Airport Lounges mit VIP-Check-in sowie Web-Check-in und Late-Check-out seien heute ein Must-have. Neue Kunden seien die Modern Performer, die ihre Holidays selbst designen. Modern Performer legen nicht nur Wert auf Room Service mit Tablett, sondern auch auf Roaming mit Tablet, WLAN, Wi-Fi, Bifi und Online-Mobility. Blogger können so ihren Salat im Hotel fotografieren, posten und dann auch gleich kommentieren. Yeah, cool. Der Dress-Code in Luxury Resorts sei ganz easy: Chiller könnten in Flipflops zum Lunch und smart casual zum Dinner. Neben Trip Advisors und Travel Guides gebe es, so erfuhr ich, auch deutschsprachige Reiseleiter. Ich weiß nicht, ob das heute noch nötig ist. Dann sagte ein Referent, nachdem er verkündet hatte, dass Stores im Rahmen eines Branding oder Rebranding neu gestylt worden und Lifestyle-Kunden vom Portfolio geflasht gewesen seien, dass er nun ins Englische switchen müsse. Da war ich aber schon total geflasht und ging chillen.

Futter für Studierende

Bei der Einführung von geschlechtsneutralen Bezeichnungen gibt es noch viel zu tun. Universitäten gehen hier gemäß ihrem Bildungsauftrag oft mit gutem Beispiel voran. An der Uni Leipzig wurde das „generische Femininum" eingeführt, das heißt: Mit Professorin ist dort auch ein Mann gemeint. Statt von Studenten wird heute meist von Studierenden gesprochen. Das Studentenwerk heißt häufig schon Studierendenwerk. Die Knabbermischung aus Nüssen und Trockenobst sollte dann logischerweise Studierendenfutter genannt werden, und auch die Geschichte der Studierendenbewegung muss umgeschrieben werden. Doch bezeichnet das Wort „studierend" einen Zustand. Sind Studierende auch dann noch Studierende, wenn sie mal nicht studieren, sondern faulenzen? Oder sind sie dann als Chillende zu bezeichnen? Dennoch weist die geschlechtsneutrale Benennung den richtigen Weg, der in allen Bereichen unseres Lebens beschritten werden sollte. Ich jedenfalls muss nächste Woche zu Hause den Schlotfegenden die Tür öffnen. Vorher will ich bei den Backenden Brötchen holen. Dann habe ich einen Termin beim Arzt (bei den Artzenden?) und hoffe, dass mich die Behandelnden nicht gleich zu den Operierenden schicken. Wenn noch Zeit ist, schaue ich bei den Frisierenden vorbei. Und am Abend werde ich mich in einem Lokal zu den Speisenden gesellen und die Servierenden – möglicherweise handelt es sich um Studierende – fragen, was die Kochenden so auf der Pfanne haben. Langfristig werden auch Sie, liebe Lesende, diese Sprache ganz geschlechtsneutral zu würdigen wissen.

Lippenbekenntnisse

Die EU wurde nicht zuletzt deshalb erfunden, um für mehr Austausch zu sorgen. Im Hinblick auf die gerechte Verteilung von Vokalen und Konsonanten allerdings ist bislang wenig passiert. In Tschechien etwa muss man sich so verständigen: „Vlk strhl srne hrst srsti." Das bedeutet, dass ein Wolf einem Reh Fell ausgerissen hat. In einer italienischen Mundart dagegen spricht man so: „Aiéi i éa èio aóa i è èio e àia" (Gestern war es Öl, jetzt ist es Öl und Luft). Warum wohl sind die Tschechen der EU beigetreten? Weil sie darauf hofften, etwas von dem Vokal-Überfluss des Italienischen in ihre konsonantenlastige Sprache umleiten zu können. Aber was machen die Italiener? Wollene gebene nixe. So müssen Tschechen weiterhin krächzen: „Chrt pln skvrn vtrhl skrz trs chrp v ctvrt' Krc" (Der fleckige Windhund ist durch Kornblumen in das Stadtviertel Krc eingedrungen). Nicht einmal Ungarn erbarmte sich, wo man unbeschwert sagen kann: „Öt török öt görögöt dögönyöz örökös örömök között" (Fünf Türken massieren inmitten endloser Lustbarkeiten fünf Griechen). Auf dem Gebiet der Sprachengerechtigkeit hat die EU sträflich versagt. Während Finnen „Ääliö, älä lyö, Ööliä läikkyy!" (Nicht schlagen, du Idiot, das Bier schwappt über) sagen können, bleibt Tschechen meist nur unverdauliches Wortmaterial wie: „Plch zdrhl skrz drn, prv zhltl hrst zrn" (Ein Bilch ist durch einen Erdklumpen entwichen, davor hat er eine Handvoll Getreide verschlungen). Wenn sich hier nicht bald etwas ändert, wird die Einheit Europas nur ein Lippenbekenntnis bleiben. Nein, nicht einmal das. Das gerade nicht.

Ein geiler Text

Es ist heute, zumal im deutschen Sprachraum, eine Zeit großer Geilheit angebrochen. Seit dem Werbeslogan „Geiz ist geil" wurde alles immer geiler – vor allem, als dann auch noch eine Supermarktkette Milch, Müsli oder auch Tiefkühlfisch als geil oder gar supergeil anpries. Ein Einrichtungshaus verkauft nun „geile Möbel" zu „geilen Preisen". Auch Salat ist inzwischen offenbar geil: Wenn man Zucker ins Dressing gebe, so hat man mir kürzlich erklärt, schmecke Salat „noch etwas geiler". Was nicht gar. Sogar Politiker wollen inzwischen einen „geilen Vorstand" wählen oder „geilen Wahlkampf" machen und werben mit Slogans wie „Schwarz macht geil". Es gibt heute geile Musik, geile Bücher, geile Autos, geile Schuhe und sogar geile Opern. Geil. Fast möchte man meinen, dass nach dem Motto „Geiz ist geil" nun auch die Spracharmut perfektioniert werden soll – von teils juvenilen Labertaschen, teils auch schon langsam vergreisenden Spätpubertierenden, die sich auf das Schleimigste an dieses ordinäre und inferiore Modern Talking heranwanzen, deren Wortschatz verödet und verdorrt ist und die sich vollkommen enthemmt und wie in einem kollektiven Wahn nicht entblöden, alles, was ihnen irgendwie gefällt, aber auch sonst jeden Quark geil zu nennen, so als ob man ihnen die Platine aus jenem Teil ihres Gehirns, in dem das Sprachzentrum sitzt, herausgelötet hätte, und die ihre Mit-, besser: Nebenmenschen mit ihrem permanenten Dummbrumm-Gequatsche und partiell schon ins Saublöde hinüberlappenden regressiven und grenzdebilen Geschwätz penetrieren. Ja, so könnte man sagen. Klingt geil, oder?

nst Neger und der Südseekönig

Deutschland ist bunt. Die Vielfalt gehört zu den prägenden Elementen unseres Landes, das ohne die Einflüsse anderer Kulturen gar nicht vorstellbar wäre. Wie bunt Deutschland im Kern seines Wesens ist, zeigt sich gerade jetzt im Karneval. Konfetti, Karnevalskostüme, Faschingszüge: Alles ist bunt. Der deutsche Karneval verbindet Menschen aller Kulturen und Hautfarben miteinander. Daher war es nur logisch, dass ein Mann wie Ernst Neger hierzulande zum größten Fastnachtsstar werden konnte. Der Mainzer Neger wurde durch „Negermusik" wie „Humba Humba Humba Tätärä" oder „Rucki Zucki" berühmt. Freilich ist der Name Ernst Neger heutzutage etwas heikel und politisch nicht mehr korrekt. Aus vielen Kinderbüchern wurde das Wort Neger bereits gestrichen, in Astrid Lindgrens „Pippi Langstrumpf" wurde aus dem „Negerkönig" ein „Südseekönig". Ernst Neger, Gott hab ihn selig, hätte gewiss nichts gegen eine kleine Korrektur seines Namens einzuwenden. Wie wäre es denn zum Beispiel mit Ernst Schwarzer? Ernst Farbiger? Ernst Bunter? Oder wie sagt man da jetzt? „Humba Tätärä" verlöre auch nichts von seinem Reiz, wenn der Interpret künftig zum Beispiel Ernst Südseekönig hieße. Oder wie wäre es mit Ernst Afroamerikaner? Nein, das geht nicht, Neger war ja Mainzer. Ernst Mohr? Auch nicht ideal. Stimmig wäre: Ernst Afrodeutscher – was musikalisch auch gut mit Drafideutscher harmoniert. Und nach der Umbenennung von Ernst Neger sind dann Alice Schwarzer und Arnold Schwarzenegger dran – dessen Nachname ist gleich doppelt belastet und geht ja nun wirklich gar nicht mehr.

Kleine Nachhilfe in Englisch

Die Organisation Education First hat untersucht, wie es um die Englischkenntnisse in 60 verschiedenen Ländern bestellt ist. Die Studie hat gezeigt: Im weltweiten Vergleich sind die Deutschen nur Mittelmaß. Im Länderranking liegt Deutschland zwar deutlich vor dem Irak, aber hinter Ländern wie Estland, Österreich oder Polen. Das Ergebnis ist nicht wirklich überraschend. Schon vor Jahren wurde festgestellt, dass viele Deutsche englische Werbeslogans nicht verstehen und zum Beispiel „Feel the difference" mit „Fühle das Differenzial" übersetzen. So geht das nicht weiter – oder, wie der Engländer sagt: So goes it not wider. Um Ihre Englischkenntnisse etwas aufzufrischen, gebe ich an dieser Stelle eine kleine Nachhilfe (afterhelp) und schreibe den Rest des Textes in Englisch: Well, Germans, some say, your English is under all pig. What is loose with you? Let me tell you this: Without English goes today nothing more. Many can not English. I can it. I can underhold me in English, I ride letters to brief friends, I ride this little article here under the line. You see: I laugh the English language. You may say now: That is me sausage, how up, you old Depp. Nothing for ungood, but then you do me light. Okay, look: You must learn English. But the jumping point is: You must learn until your head smokes. Even if you are old, you can always learn what noise. Make it like Lothar Matthäus: Look not back, look in front! He learned and now he speaks English so good. Why? While he learned. Everybody who hears him holds it in the head not out. Believe me: To bubble English how Matthäus and I bubble – it is not heavy, it is Simpel.

Wortschwall und Wohlgefühl

In einer Mitteilung, die mir die Leserin Frau B. dankenswerterweise zukommen ließ, stieß ich wieder auf den Werbeslogan „Würzburg – Welterbe. Weingenuss. Wohlgefühl." Ich lebe sehr gerne in dieser Stadt und kann das inhaltlich voll unterschreiben. Welterbe, Weingenuss, Wohlgefühl, das klingt ja auch viel besser als etwa „Würzburg – Warmduscher. Wichtigtuer. Weihrauchschwenker." oder „Würzburg – Wuchtbrummen. Wampenträger. Wichser." oder „Würzburg – Weinkrampf. Wutanfall. Wehgeschrei." Vor allem Letzteres wäre ja auch ohne jeden Bezug zur Realität – es sei denn, man zöge einige architektonische Zumutungen, welche die Stadt in den vergangenen Jahren heimgesucht haben, in die Gesamtbewertung mit ein. Lässt man aber diesen Aspekt außen vor, so bleiben neben der Lust an der Alliteration unterm Strich tatsächlich Welterbe, Weingenuss, Wohlgefühl. Welche wohlverdienten Worte, wow! Wogegen Wattenscheid, Wiesloch, Worpswede, Wurmlingen, wo wohl Waldschrate wohnen, weit weniger Weltklasse-Werbung widerfährt. Warum? Wieso? Weshalb? Wohlan, womöglich, weil W-Worte wie Worpswede, Wadenkrampf, Wurstfinger, Watschengesicht wehtun wie widerwärtige Wanzenbisse, während Worte wie Welterbe, Weingenuss, Wohlgefühl, Wonnemond, Wigwam, Wundertüte wegen Wohlklangs wundersam wabern. Wahrlich, wer wirklich wissentlich wider Würzburgs wunderbar wohlfeilen Werbeslogan „Welterbe. Weingenuss. Wohlgefühl." wettern wollte, wäre – wenngleich wacker – wenig weise, wohl wirr, weltfremd, womöglich wahnsinnig, was?

DUSCHKÖPFE
FÜR KNIEBOHRER

POLITIK UND WIRTSCHAFT

„Ich bin ein sehr stabiles Genie. "
(Donald Trump)

Große Weißwurst, wir loben dich

Im Eingangsbereich aller Dienstgebäude bayerischer Landesbehörden hängt jetzt ein Kreuz. Und dort gehört es auch hin. Denn das Kreuz ist laut Ministerpräsident Markus Söder nicht „Zeichen einer Religion", sondern „grundlegendes Symbol unserer bayerischen Identität und Lebensart". Für diese Expertise erntete Söder neben viel Zustimmung auch Kritik. Die Kritik verstehe ich nicht. In einem Bundesland, in dessen südlichen Auswölbungen der Ausruf „Zefix!" (laut Bairischem Wörterbuch eine abgeschwächte Form von Kruzifix) zum Alltagswortschatz gehört, nimmt das Kreuz ganz offensichtlich eine herausragende Stellung ein. Ist denn nicht auch der Brauch, bei Wahlen das Kreuz bei der CSU zu machen, ein Symbol bayerischer Identität und Lebensart? Das ist es, weiß Gott. Sinnstiftend, um bayerisch-abendländische Tradition ganzheitlich abzubilden, wäre es gewiss auch, außer dem Kreuz eine symbolische Brezel aufzuhängen. Und eine Maß Bier darunterzustellen. Zudem könnte die Verschmelzung von Staat, Religion und Brauchtum durch Liedgut wie „Große Weißwurst, wir loben dich" gestärkt werden. Sobald Markus Söder ein Heiligenschein aus dem Kopf wächst, ist die Zeit gekommen, ihn auch selbst gemäß dem Evangelium nach Markus zum Gegenstand der Anbetung zu machen. Wenn der Ministerpräsident öffentlich auftritt, sollten Weihrauchschwenker an seiner Seite schreiten, die statt orientalischer Düfte den Geruch von Schweinsbraten und dampfenden Leberkässemmeln verbreiten. Das könnte sich auf die Förderung bayerischer Identität und Lebensart langfristig weiter positiv auswirken.

Alles für Europa

Der Europäische Gerichtshof ist mit dem Theodor Heuss Preis ausgezeichnet worden. Der Gerichtshof sei Hüter der Rechtsstaatlichkeit und erinnere an die Idee der europäischen Einigung, so die Begründung. Es ist natürlich eine hervorragende Leistung, wenn sich ein Gerichtshof für Rechtsstaatlichkeit einsetzt. Damit hätte man ja nicht unbedingt gerechnet. Der Internationale Karlspreis wird für Verdienste um die europäische Einigung verliehen. Die Europäische Kommission hat ihn bereits erhalten. Auch die EU-Gemeinschaftswährung, der Euro, wurde schon mit dem Karlspreis ausgezeichnet. Da wird er sich aber gefreut haben, der Euro. Den Karlspreis erhalten ansonsten meist Leute, auf die man im Traum nicht gekommen wäre. Im vergangenen Jahr zum Beispiel EU-Ratspräsident Herman Van Rompuy. Er hat sich als EU-Ratspräsident nämlich um die Ausfüllung dieses Amtes verdient gemacht. Super. Und in diesem Jahr, halten Sie sich fest, hat EU-Parlamentspräsident Martin Schulz den Karlspreis erhalten. Weil er sich um das EU-Parlament verdient gemacht hat. Ist das nicht sagenhaft? Ich bin dafür, dass als Nächster Jean-Claude Juncker geehrt wird. Der hat den Karlspreis zwar schon 2006 erhalten, aber noch nicht als EU-Kommissionspräsident für seine Verdienste um die EU-Kommission. Nach der EU-Kommission sollten nun endlich auch das EU-Parlament und der EU-Rat den Karlspreis erhalten. Und danach wäre es höchste Zeit, dass für seine Verdienste um die EU-Kommission, den EU-Rat, das EU-Parlament und Europa überhaupt der Karlspreis selbst den Karlspreis erhält.

Willkommen im postfaktischen Zeitalter

Mit der Wahl von Donald Trump zum US-Präsidenten beginnt nun endgültig eine neue Ära: Willkommen im postfaktischen Zeitalter! Postfaktisches Denken bedeutet, dass Fakten keine Rolle mehr spielen und Lügen verbreitet werden, die den eigenen Interessen dienen. Trump hat im Wahlkampf so schamlos gelogen wie kaum ein Kandidat vor ihm. Man kann alles behaupten. Wenn man es oft genug wiederholt, glauben es auch viele. Ein Phänomen, das sich weltweit ausbreitet. In England behaupteten Brexit-Befürworter, Großbritannien überweise jede Woche 350 Millionen Pfund an die EU – was gelogen war. Der türkische Präsident leugnet historische Fakten und erklärt einfach alle, die ihm politisch im Weg stehen, zu Terroristen. Auch Russlands Präsident verbiegt die Wahrheit, wie er es braucht. Das postfaktische Denken deutet die Welt auf ganz neue Weise. Ein Geistlicher glaubt, die Erdbeben in Italien seien Gottes Strafe für gleichgeschlechtliche Liebe. Wenn auf Facebook steht, ein Flüchtling habe ein Kind gefressen, glauben es auch viele. Und ist die Erde wirklich eine Kugel oder nicht eher eckig? Wenn es im Internet steht, muss doch was dran sein. Die Medien verschweigen es nur. Donald Trump baut jetzt bald eine 3200 Kilometer lange Mauer an der Grenze zu Mexiko, um Einwanderer zu stoppen, und Mexiko wird diese Mauer bezahlen. Genauso wird es kommen, Trump hat es ja gesagt. Danach wird Trump eine Mauer um die ganze Erde bauen, zum Schutz vor Außerirdischen. Und das Beste an dieser Mauer ist: Die Aliens werden sie bezahlen! Ich glaube ganz fest daran.

Die hohe Kunst der Diplomatie

Die Verrohung der Sprache gibt allenthalben Anlass zur Sorge. Der Bayerische Lehrerverband beklagt Beleidigungen im alltäglichen Umgang. Auch Bundeskanzlerin Angela Merkel warnt: „Politiker sollten sich in ihrer Sprache mäßigen." Vielleicht dachte sie da auch an den philippinischen Präsidenten Rodrigo Duterte, der US-Präsident Barack Obama unlängst als „Hurensohn" bezeichnete. Auch den US-Botschafter in Manila nannte Duterte – mit der Begründung: „Er ging mir auf die Eier" – einen „Hurensohn", wie zuvor schon den UN-Generalsekretär Ban Ki Moon und den Papst. Und an die Vereinten Nationen schickte Duterte den Gruß: „Fickt euch!" Ein echter Gentleman. Deutsche Politiker dagegen beherrschen zum Glück die hohe Kunst der Diplomatie. Wenn sich die Bundesregierung von der Türkei vorführen lässt, die Armenien-Resolution relativiert und auch noch 58 Millionen Euro in die türkische Militärbasis Incirlik investiert, damit deutsche Abgeordnete die dort stationierten Bundeswehrsoldaten besuchen dürfen, dann sagt die Kanzlerin: „Ich glaube, dass es in den nächsten Tagen die Möglichkeit gibt, dass wir hier positive Nachrichten zu diesen berechtigten Forderungen bekommen." Und wenn ein türkischer Minister das Interview mit einem deutschen Journalisten verschwinden lässt, weil ihm die Fragen nicht gefielen, dann berichtet Regierungssprecher Steffen Seibert von einem „konstruktiven Telefonat" mit Ankara. Es wäre interessant, sich vorzustellen, wie der philippinische Präsident reagieren würde, hätte er mit türkischen Politikern zu tun. Das ist natürlich nur so ein Gedankenspiel.

Krise? Welche Krise?

Klimakrise, Börsenkrise, Schuldenkrise: Wir leben in einer Zeit der Krisen. Doch was bedeutet Krise überhaupt? Das griechische Wort bezeichnete ursprünglich eine Entscheidung oder auch Zuspitzung und, wenn man im Nebel der Wortentstehung richtig herumstochert, den Höhe- oder Wendepunkt einer gefährlichen Situation. Es deutet also auf eine Entwicklung zum Besseren hin. Im allgemeinen Bewusstsein ist das Wort Krise jedoch negativ besetzt. Muss das sein? Nein. Denn wie heißt es doch so schön in vielen Seminaren und Sonntagsreden: In jeder Krise steckt eine Chance. Man hört auch oft, dass das chinesische Schriftzeichen für Krise ein Symbol enthält, das Chance bedeutet. Sieht die Welt nicht gleich ganz anders aus, wenn man das Wort Krise durch Chance ersetzt? Ja, das tut sie. Die Schuldenkrise wird zur Schuldenchance, das Krisengebiet zum Chancengebiet. Die Flüchtlingskrise, die in Wahrheit eine Flüchtlingschance ist, hat ja auch zu einer Koalitionschance geführt. Wie schön: Der Volkswagenkonzern gerät wegen des Abgas-Skandals immer tiefer in die Chance. Die FDP hat 2016 sogar zum „Jahr der großen Chancen" erklärt. Müssen wir uns Sorgen machen? Gar nicht. Die Griechenlandchance gibt ja auch allen Grund zur Hoffnung. So wie der Chancenherd Nahost und die vielen weiteren Chancengebiete dieser Erde. In vielen Ehen kriselt, pardon: chancelt es, und die Midlife-Chance will ja auch jeder haben. Krise? Welche Krise? Aber wenn jetzt auch noch der Griesbrei zum Chancenbrei erklärt und das Musical „Grease" in „Chance" umbenannt wird, dann krieg' ich die Krise.

Eine schleierhafte Diskussion

Nach Vorschlägen der Unionsinnenminister wird heftig über ein Burkaverbot diskutiert. Die Verschleierung in einer offenen Gesellschaft ist ein Problem, bei dessen Lösung die Religionsfreiheit, das Selbstbestimmungsrecht der Frau und das Bedürfnis von Politikern, unqualifizierte Vorschläge zu machen, gleichermaßen berücksichtigt werden müssen. Die Innenexperten plädieren dafür, die Verschleierung in Gerichten, Schulen, Unis, Ämtern oder bei Demonstrationen zu untersagen. Sinnvoll erscheint auch das Verbot einer Burka bei der Gesichtskosmetikerin oder beim Friseur. Im Kampf gegen Verschleierung sollten auch Enthüllungsjournalisten eingesetzt werden – falls ihnen Burkaträgerinnen begegnen, sind sie gehalten, sofort alles aufzudecken. In einem selbstfahrenden Auto ist das Tragen einer Burka erlaubt, das Auto selbst muss allerdings unverschleiert sein. Bei Karnevalsveranstaltungen sind Burkas zulässig, genauso wie Gorillakostüme. Da Ägyptens früherer Präsident Anwar al-Sadat die schwarzen Ganzkörperverhüllungen als „Zelte" charakterisiert hat, soll das Aufstellen einer Burka auf Campingplätzen erlaubt werden, sofern mindestens zwei Personen unter ihr Platz finden. Die Kandidatinnen von Schönheitswettbewerben wie „Germanys next Topmodel" dürfen Burkas tragen, wenn sie sich freiwillig so kleiden und nicht von Heidi Klum dazu gezwungen werden. Für nichtmuslimische Frauen ist zudem die Einführung eines Steißbeinschleiers im Gespräch, um die letzten verbliebenen Arschgeweihe zu verdecken und ihren Trägerinnen so eine bessere Integration zu ermöglichen.

Wohin, Britannia?

Heute stimmen die Briten über den Brexit ab. Großbritannien ist ein Feuchtbiotop, das über dem europäischen Kontinent im Meer herumschwimmt. Die Briten sind stolz auf ihre Traditionen, die bis in die Steinzeit zurückreichen. Daher sind Steine bis heute die Maßeinheit zur Feststellung des Körpergewichts. Getankt wird in Pints, getrunken in Gallonen. Die Inselbewohner essen Nierenpudding, an Weihnachten gibt es Christmas Pudding, alle fünf Jahre wird ein puddingartiger Premier gewählt, und getanzt wird zu „Pudding on the Ritz". Obwohl die Briten auf der falschen Straßenseite fahren dürfen und eine eigene Währung haben, sehen sie sich durch die EU bedroht. Von einem Austritt erhoffen sie sich einen Haushaltsüberschuss von vier Milliarden Pfund pro Jahr. Das wären in kontinentaleuropäische Währung umgerechnet zwei Milliarden Kilogramm. Die Melone gehört zu den traditionellen Kopfbedeckungen auf der Insel. Wenn nach einem Brexit die Lieferungen aus Südeuropa ausbleiben, müssen die Briten mangels Melonen mit Kürbissen auf dem Kopf herumlaufen. Wohin, Britannia? Churchill hat einmal gesagt, wenn sich Großbritannien zwischen Europa und dem offenen Meer entscheiden müsste, würde es immer das Meer wählen. Werden die Briten Europa den Rücken kehren? Wenn ja, wird die Insel vom Kontinent wegtreiben, immer weiter weg. Vielleicht wird sie nahe den Färöer Inseln auf Grund laufen, vielleicht auch Madeira überrollen und an die Falklandinseln andocken. Aber auf dem Weg dorthin wird sie gemäß britischer Sitte auf der linken Spur der Wasserstraße unterwegs sein.

Die Politik wird immer komischer

Komiker und Satiriker sind überall in der Politik auf dem Vormarsch. Die deutsche Satirepartei „Die Partei" sitzt bereits seit 2014 im Europaparlament. Sie fordert unter anderem die Einführung einer Faulenquote und vertritt die klare Position „Ja zu Europa, Nein zu Europa!". Die von dem italienischen Kabarettisten Beppe Grillo gegründete Fünf-Sterne-Bewegung holte bei der Parlamentswahl 2013 auf Anhieb 25 Prozent der Stimmen. Nun wurden Vertreterinnen seiner Bewegung in Rom und Turin zu Bürgermeisterinnen gewählt. Grillo erfand auch die Protestinitiative „V-Day" (Vaffanculo Day), was etwa „Haut-ab-ihr-Ärsche-Tag" bedeutet, wobei sich der Begriff Ärsche auf Italiens Politiker bezieht. Der isländische Komiker Jón Gnarr wiederum erzielte mit seiner Spaßpartei „Die beste Partei" 2010 bei der Kommunalwahl in Islands Hauptstadt mit 34,7 Prozent das beste Ergebnis und wurde Bürgermeister von Reykjavik. Er forderte im Wahlkampf „Offene statt heimliche Korruption" und „Kostenlose Handtücher für alle Schwimmbäder". Zwar gibt es auch in der Bundespolitik zahlreiche komische Talente, doch im internationalen Vergleich sehen sie blass aus. Gegen begnadete Komiker wie den türkischen Präsidenten Recep Tayyip Erdogan, den russischen Präsidenten Wladimir Putin oder den „großen Denker" Donald Trump kommen sie nicht an. Man würde diesen Figuren gern kostenlose Handtücher geben, falls sie dann baden gehen. Oder, um auf Beppe Grillos Initiative zurückzukommen: Vielleicht wäre es sinnvoll, den „Haut-ab-ihr-Ärsche-Tag" auch außerhalb Italiens einzuführen.

Alles läuft großartig

Aus dem Weißen Haus kamen in dieser Woche wieder großartige Nachrichten. Das ist kein Wunder, denn schon bei seinem Amtsantritt hatte US-Präsident Donald Trump erklärt, er habe eines der „großartigsten" Teams in der Geschichte seines Landes zusammengestellt. Nun ist Trump seit einem halben Jahr im Amt, und man kann sagen: Alles läuft großartig. Zuerst feuerte Trump Justizministerin Sally Yates, dann den nationalen Sicherheitsberater Michael Flynn. Im Mai musste FBI-Chef James Comey gehen, den Trump als „Großkotz" und „absoluten Versager" bezeichnete. Im Juli warf Trumps Pressesprecher Sean Spicer, der Versager, das Handtuch, nachdem Anthony Scaramucci eingestellt wurde. Der großartige neue „Kommunikationsdirektor" nannte Stabschef Reince Priebus, laut Trump eine „hoch qualifizierte Führungspersönlichkeit", einen „fucking paranoiden Schizophrenen", worauf Priebus ebenfalls ging, und zwar „gerne und freiwillig", wie er sagte. Kurz darauf wurde Scaramucci selbst gefeuert, auf Druck von Trumps neuem Stabschef John Kelly, worauf Trump twitterte: „Ein großartiger Tag im Weißen Haus" – und erklärte, Kelly sei eine „fantastische Führungspersönlichkeit" und werde einen „spektakulären Job" machen. Logisch, was denn sonst. Jetzt wird langsam klar, worum es Trump in seiner Amtszeit wirklich geht: um eine Fortsetzung seiner TV-Realityshow, in der er Kandidaten am Ende zurief: „Du bist gefeuert!" Als Nächstes wird Trump wohl First Lady Melania feuern: eine großartige Frau, klar, aber auch eine absolute Versagerin. Sonst hätte sie ja diesen Mann nicht geheiratet.

Die deutsche Gurke ist in Gefahr

Jedes neue Jahr bringt viele Veränderungen mit sich, für alle von uns. Auch für die Gurke. Schon 2015 musste sich die grüne Frucht neuen Herausforderungen stellen, um in der digitalen Welt bestehen zu können. Mit Auftritten in Internetvideos gelangte die Gurke zu einiger Berühmtheit: Kurzfilme, in denen Katzen nach der Entdeckung einer heimlich hinter sie gelegten Salatgurke vor Schreck in die Luft springen, wurden millionenfach geklickt. Das war ein kluger Schachzug der Gurke. Ihre Bereitschaft, hier neue Wege zu beschreiten und im Netz Präsenz zu zeigen, wurde auch von der Fachbranche gebührend gewürdigt: „Die Gurke kann so vielleicht noch mehr Aufmerksamkeit gewinnen, besonders bei der jüngeren Zielgruppe", teilte die Bundesvereinigung Obst und Gemüse mit. Aber nun ist die deutsche Gurke in Gefahr. Einlegegurken aus heimischer Produktion sind durch die Einführung des Mindestlohns zu einer bedrohten Art geworden. Da die Stundenlöhne für Erntehelfer anderswo niedriger sind, könnte die deutsche Gurke schon bald von Gewächsen aus Polen oder Indien verdrängt und zum Gemüse ohne Raum werden. Die stolze deutsche Gurke wird dann endgültig zum Kümmerling. Was kann man tun? Es muss eine Obergrenze von 200 000 ausländischen Gewürzgurken pro Jahr geben, mehr dürfen die Grenzen nicht überqueren. Man kann das auch Gurkenkontingent nennen. Die Regierung muss endlich im Interesse des einheimischen Gemüses handeln. Wenn sie es erneut vergurkt, wird die deutsche Gurke bald nicht einmal mehr eine Katze erschrecken können.

Grete und der Grexikukidentologe

Die Griechenlandkrise wird immer unübersichtlicher. Oft fehlen heute schon die Worte, um zu beschreiben, was da los ist – von möglichen Zukunftsszenarien ganz zu schweigen. Daher tauchen ständig neue Begriffe auf, die den Ernst der Lage in Worte kleiden sollen – Wortschöpfungen wie Tsipras, Varoufakis oder Grexit. Der Kunstbegriff Grexit wurde aus den englischen Wörtern für Griechenland (Greece) und Ausstieg (Exit) gebildet und meint den Austritt Griechenlands aus dem Euro. Neu im Gespräch ist neben dem Grexit nun der Graccident. Der Begriff aus Greece und dem englischen Wort für Unfall (Accident) steht für ein versehentliches Schlittern Griechenlands in den Euroausstieg. EU-Ratspräsident Donald Tusk und Bundesfinanzminister Wolfgang Schäuble warnen bereits vor einem Graccident oder Grexident. Was kommt als Nächstes? Da Griechenland kurz vor der Pleite steht, wäre langsam der Begriff Grete (aus Greece und Pleite) fällig. Oder Gredit – für einen Kredit, der nicht zurückgezahlt wird. Die Grexperten in der EU denken bereits über Grexorzismus nach, um böse Geister in der griechischen Regierung zu bannen. Gut möglich, dass passend zum Grexident nun bald ein Grexikukidentologe auftaucht, der jene behandelt, die sich an den Hardlinern in Athen die Zähne ausgebissen haben. In Griechenland, der Wiege der Philosophie, wird sich dann auch eine neue philosophische Schule herausbilden: der Grexistenzialismus – eine Denkrichtung, die mit Geld rechnet, das nicht existiert. Man muss fürchten, dass Bundesfinanzminister Schäuble spätestens dann die Gretze kriegt.

Die große Staubsaugerreform

Im Bereich des Staubsaugwesens brechen neue Zeiten an: Ab sofort tritt die neue EU-Staubsaugerverordnung in Kraft. In den Handel kommen dann nur noch Geräte, die weniger als 1600 Watt verbrauchen. Gemäß der Ökodesign-Richtlinie wird die Energieeffizienz der Sauger in sieben Stufen angezeigt. Ziel der Staubsaugerreform sind die Senkung des Stromverbrauchs und der Schutz des Klimas. Damit dürften wohl auch die Tage des Einhand-Saugblasers, den Loriot in den 70er Jahren in einem TV-Dramolett vorstellte, gezählt sein. Der Einhand-Saugblaser Heinzelmann („Es saugt und bläst der Heinzelmann, wo Mutti sonst nur blasen kann") zeichnete sich dadurch aus, dass er die durch den Saugstutzen angesaugte Luft in einem Filter reinigte und durch den Blasstutzen in eine Trockenhaube blies, wenn man zuvor den Blasstutzen und Schlauchstecker durch die Filterhaube zog und in die Schlauchnut steckte. Der Einhand-Saugblaser erfüllt die Energieeffizienzkriterien der neuen EU-Staubsaugerrichtlinie freilich nicht mehr. Inzwischen wurden Saugdüsen, Staubsaugerbeutel und Saugbeutelleistung so optimiert, dass Staubsauger sauberer Staub saugen – ganz gleich, ob es sich dabei um Staubsauger mit Schlauchnut oder Saugstauber mit Lauchschnut handelt. Bald gibt es neue Saugregeln auch für Nasssauger, Saugroboter und Säuglinge. Gleiches gilt für Laubsauger, Laubbläser, Saugblaser und Blaskapellen. Auch große Bohnermaschinen werden langfristig gemäß der Ökodesign-Richtlinie auf energiesparenden Biobetrieb umgestellt. Gut möglich, dass in Zukunft nur noch der Hamster bohnert.

Ein Blick in die Ukraine

Die Aussprache fremdsprachiger Ortsnamen stellt die Zunge oft vor besondere Herausforderungen. Von Franz Beckenbauer ist überliefert, dass er sich nach einer Niederlage des FC Bayern gegen Dnjepr Dnjepropetrowsk erst gar nicht groß bemühte, den Namen des ukrainischen Vereins korrekt auszusprechen, sondern statt Dnjepr Dnjepropetrowsk kurz angebunden sagte: „Domobrowski oder wie der Kaas heißt." So geht es natürlich nicht. Gerade im Hinblick auf die aktuellen Ereignisse in der Ukraine ist es im Sinne einer glaubwürdigen Berichterstattung zwingend erforderlich, Ortsnamen korrekt wiederzugeben. Zumal sich die Proteste nun auf fast alle Landesteile ausweiten. So soll es in Swerdlowsk, Dserschynsk und Saporischschja zu Demonstrationen gekommen sein, ebenso in Kertsch, Kramatorsk und Krementschuk. Protestiert wird ferner in Lwiw, Nischyn, Snischne und Iltis, Quatsch: Illitschiwsk. Außerdem in Butschatsch, Borschtschiw, Wolotschysk, Waschkiwzi – wasch? – Komsomolsk, Hadjatsch und Derhatschi. Gesundheit! Überdies in Lyssytschansk, Werchnjodniprowsk, Krasnoperekopsk (jetzt ist der Motor kaputt), Dnjepropetrowsk sowie in Dnjepodserschynsk, Nowojaworiwsk, Nowodnistrowsk und Perschotrawensk. Regierungsgegner formieren sich, wie man hört, nun auch in Bilhorod-Dnistrowskyi – ja freilich, jetzt auch noch Doppelnamen – Kamjanka-Dniprowska, Perejaslaw-Chmelnyzkyi und Korsun-Schewtschenkiwskyi. Bald wird sicher auch in Tscherwonohrad protestiert, in Tscherwonosawodske und in Tschn? Tschwrsk? In Tschingderassabum oder wie der Kaas heißt.

Duschköpfe für Kniebohrer

Bald ist wieder Europawahl. Europa ist ein Segen. Die EU hat uns Regeln für ein sinnvolles Zusammenleben geschenkt, um die uns die ganze Welt beneidet. In Brüssel wurden der Krümmungsgrad von Salatgurken und die Länge von Bananen bestimmt. Für die Holzwirtschaft gab es Regeln für die Größe von Astlöchern. Manche Richtlinien wurden inzwischen leider wieder zurückgenommen oder entschärft. Im Wahlkampf stellen führende Politiker nun weitere Kerngedanken der europäischen Idee infrage. Herbert Reul, Chef der CDU-Abgeordneten im EU-Parlament, behauptet dreist, Regeln für „Glühbirnen, Duschköpfe, Klospülungen und Staubsauger" gingen die Politik nichts an. CSU-Chef Horst Seehofer verkündet frech, die „Bananenkrümmung" sei kein Thema für Europa. Bundeskanzlerin Angela Merkel erklärt vorlaut, der „Wasserdurchlass von Duschköpfen" gehöre nicht in die europäische Entscheidungskompetenz. Selbst EU-Parlamentspräsident Martin Schulz meint, Europa brauche keine Olivenölkännchenverordnung und fragt: „Warum muss die EU den Wasserverbrauch von Klospülungen und Duschköpfen regeln?" Ja, Entschuldigung – wer soll es denn sonst tun? Brüssel muss sich nicht nur um Olivenölkännchen, Klospülungen und Astlöcher kümmern, sondern möglichst auch um die Vereinheitlichung des Klingeltons von Fahrrädern, die umweltgerechte Perforierung der Abrisskanten von Klopapier und die Normierung des Schraubendurchmessers für Kniebohrer. Nur so können die Errungenschaften des europäischen Integrationsprozesses gesichert und ausgebaut werden.

Die Bundeswehr rüstet um

In dieser Woche hat der Bericht des Verteidigungsministeriums weitere Materialmängel der Bundeswehr offengelegt. Alle sechs U-Boote sind zurzeit außer Betrieb, von 15 Transportflugzeugen flog 2017 zeitweise kein einziges. Der Marine fehlen Schiffe, den Panzern Ersatzteile. Von 128 Eurofightern waren im Schnitt nur 39 einsatzbereit, von 13 Fregatten nur fünf. Dabei geht es keineswegs nur um alte Fregatten: Auch bei einer neuen Fregatte wurden Soft- und Hardware-Mängel festgestellt. Das sind nur einige Beispiele aus einer langen Liste des Grauens. Der Militärische Abschirmdienst verfügt nicht mehr über genügend einsatzfähige Schirme und soll daher jetzt ersatzweise mit Knirpsen ausgerüstet werden. Obwohl Verteidigungsministerin Ursula von der Leyen selbst viel Abschreckungspotenzial besitzt, ist die Kampfkraft der Truppe geschwächt. Ein Teil der Ausrüstungsmisere liegt in der störanfälligen Elektronik der Waffensysteme begründet. Daher will das Heer künftig verstärkt auf Material zurückgreifen, das sich in der Vergangenheit bewährt hat. Die Produktion von Rammböcken, Wurfspießen und Kriegsbeilen ist bereits angelaufen. Der Einsatz von Kampfelefanten und alten Schlachtrössern wurde aus Tierschutzgründen verworfen, die Rückkehr von berittenen Bogenschützen und Streitwagen wird diskutiert. Zudem wurde die Rüstungsindustrie mit der Herstellung von hochmodernen Präzisionssteinschleudern und Interkontinentalkatapulten beauftragt, Mittelstreckenarmbrüste sollen störanfällige Schusswaffen bald komplett ersetzen. Daher sind auch diese Angaben hier bereits ohne Gewehr.

Unser Geld ist sicher

Seit der Bundesfinanzminister nach der dramatischen Rettung Zyperns vor dem Staatsbankrott den Stand der Dinge mit Begriffen wie Bail-in, Monitoring und der Implementierung von Basel III erklärt hat, fragen sich deutsche Kleinsparer besorgt, was das nun wieder alles bedeuten soll. Nun, es ist ganz einfach: Gemäß den Beschlüssen der Eurogruppe zur Konsolidierung und Rekapitalisierung wird die Troika das „Memorandum of Understanding" mit Zypern im Sinne des Rettungsfonds ESM und der Finanzmarktstabilisierungsfazilität überarbeiten, marode Banken abwickeln und dann Großanleger einwickeln. Logisch. Aktionäre müssen ihre Anleihen in einem sogenannten „swap" schwuppdiwupp als Risikodeckung zur Absicherung der Kernkapitalrate im Sinne des Notprogramms ELA („Emergency Liquidity Assistance") für die Restrukturierung von Kernkapital und Hybridkapital von Kleinsparern einfrieren. Das ist ja nicht so schwer zu begreifen. Konsolidiert werden auch nicht bediente Bankkredite – ausgenommen sind nur Bankkredite mit Bedienung, aber ohne Trinkgeld. Bis zur vollständigen Implementierung von Basel III werden dann wegen Subsidiarität und Dingsbums via Reduktion der Prozyklität antizyklische Puffer als Geldabflüsse verpufft, und zwar sowohl Eigenkapitalpuffer wie Kapitalerhaltungspuffer von Puffmüttern, pardon: Pufferstaaten. Dies betrifft jedoch nur die Gläubiger der Bank of Cyprus, die Gläubigen rund um Erzbischof Chrysostomos und alle anderen Zyprer, Zyprioten und Zypressen. Deutsche Kleinsparer müssen sich also keine Sorgen machen.

Zukunft für alle

Die Aussagen auf den Wahlplakaten der Parteien sind in diesem Jahr nicht gar zu präzise. Die Bemühung, aus ihnen eine klare Botschaft herauszufiltern, gleicht dem Versuch, einen Pudding an die Wand zu nageln. Die CDU wirbt mit der Parole „Europa stärken heißt Deutschland stärken", die SPD will „Zukunft sichern, Europa stärken". Die Zukunft hat es überhaupt allen angetan. Die CDU verspricht „Gute Zukunft für morgen". Ja für wann denn sonst? Für gestern? Die Zukunft ist in der Regel immer morgen. Die Grünen werben mit „Zukunft wird aus Mut gemacht". Und Nena sang einst: „Liebe wird aus Mut gemacht." Ich schreibe jetzt auch einen Song, er wird heißen: „Wahlslogans werden aus Quatsch gemacht." Die FDP plakatiert: „Forschung nützt allen." Klopapier aber auch. Die AfD fordert: „Trau dich, Deutschland!" Ist das ein Plädoyer für die Ehe für alle? Die zentrale Wahlkampfbotschaft der CDU aber lautet „Für ein Deutschland, in dem wir gut und gerne leben", als Hashtag #fedidwgugl. Die SPD könnte in Anlehnung an Karl Valentin jetzt kontern mit #wrdlbrmpfd („Wir rocken das Land bald richtig mit Politik für Deutschland"). Stattdessen will sie nur „Zeit für mehr Gerechtigkeit". Die Christdemokraten versprechen „Wohlstand und Sicherheit für alle", die Grünen „Gutes Essen für alle". Ich finde, auch „Zukunft für alle" wäre eine gute Parole. Oder warum nicht gleich „Viel Glück und alles Gute: Wir besorgen es Ihnen"? Oder „Friede, Freude, Eierkuchen"? Oder noch besser: „Lirum larum Löffelstiel", das wäre überhaupt die Kernaussage, auf die sich alle Parteien einigen könnten.

Im Land der atmenden Deckel

Nach dem Hilfspaket, dem Rettungsschirm und dem Kredithebel hat die Politik einen neuen lustigen Begriff in die Welt geworfen: den „atmenden Deckel". Mithilfe eines solchen flexiblen Verschlusses soll die Zahl der Flüchtlinge, die nach Deutschland kommen, reguliert werden. In der Union spricht man statt von einer Obergrenze nun von einem atmenden Deckel. Das heißt: Die Obergrenze liegt bei 200 000 pro Jahr – mal mehr, mal weniger. Das ist nicht ganz leicht zu begreifen – und lässt Fragen offen. Was ist, wenn der Deckel nicht mehr atmet? Ist dann sofort ein Arzt zu verständigen? Was macht der atmende Deckel nachts, wenn er schläft? Schnarcht er? Und welchen Einfluss hat dies auf die Flüchtlingszahlen? Ob der atmende Deckel wirklich schon die optimale Lösung ist, scheint zweifelhaft. Man muss da, um im Küchenjargon zu bleiben, über den Deckel- beziehungsweise den Tellerrand hinausblicken und neben dem atmenden Deckel weitere Hilfskonstruktionen in Betracht ziehen. Zum Beispiel den rotierenden Kochlöffel, um in der Suppe, die uns die Politik einbrockt, herumzurühren, damit nichts anbrennt. Die schnaufende Dunstabzugshaube, die Dampf absaugt, wenn es in der Koalition gewaltig raucht. Horst Seehofer soll prophylaktisch mit einem Spezialfilter ausgerüstet werden, damit, sobald ihm bei den Koalitionsgesprächen vor Ärger der Schädel qualmt, der Rauch durch die Ohren abziehen kann. Die Steuererklärung soll übrigens, wie einst angepeilt, bald doch noch auf einen Bierdeckel passen, also auf einen atmenden Bierdeckel. Aber nur, wenn er nicht schnarcht.

oßbritannien wird great again

Großbritannien hat nun auch offiziell die Scheidung von der EU beantragt. Ohne die EU, meint die britische Premierministerin Theresa May optimistisch, werde das Königreich sein wahres Schicksal als „globale Handelsmacht" finden. Der britische Außenminister Boris Johnson glaubt, dass die „Staaten Schlange stehen", um Abkommen mit Großbritannien zu schließen. Doch womit wird die Insel handeln? Die Industrie produziert wenig, die Banken machen mit viel heißer Luft Geschäfte. Apropos heiße Luft: Großbritannien ist weltweit der siebtgrößte Erzeuger von Kohlenstoffdioxid-Emissionen, aber ob für diese Erzeugnisse Staaten Schlange stehen, ist fraglich. Was also wollen die Briten exportieren? Autos, die das Lenkrad auf der falschen Seite haben? Tassen von heißem Wasser mit einem Tropfen von Milch? Schirm, Charme und Melonen? Britische Melonen sind aus Filz und ziemlich trocken. Immerhin stellen die Briten Feinkost her wie Nierenpudding, Essigchips, Orangenschalenmarmelade oder Frühstückswürstchen, die vermutlich mit Spachtelmasse gefüllt sind – man weiß es aber nicht genau. Rosinen werden traditionell gepickt. Das Ritual des Rosinenpickens ist auf der Insel noch beliebter als das Schlangestehen. Allerdings stellen die Briten selbst kaum Rosinen her, sondern müssen sie importieren. Doch vielleicht wird Donald Trump, der London eine „fantastische Beziehung" versprochen hat, Rosinen liefern und dafür britische Filzmelonen und Nierenpuddinge importieren, und die Mexikaner müssen beides bezahlen – und auch aufessen. Das könnte funktionieren.

Die Marine kommt

Zu den flotten Sinnsprüchen des abendländischen Flottenwesens, die den Strudel des Wahnsinns nur noch gerade so eben umschiffen, zählt vor allem dieser: „Navigare necesse est, vivere non est necesse" (Seefahren ist notwendig, leben ist nicht notwendig). Das soll der römische Feldherr Pompejus, vor 2000 Jahren einer der mächtigsten Männer der Welt, Seeleuten zugerufen haben, die wegen eines Sturms den Hafen nicht verlassen wollten. Auch den Begriff Marine verdanken wir den Römern, er geht auf das Wort marinus (zum Meer gehörig) zurück. Welche Politiker sind nun heute den Begriffen Marine und Meer zugehörig? Dass ausgerechnet eine Politikerin der Piratenpartei Marina heißen musste, lag ja auf der Hand: Marina Weisband lief im Mai 2011 als politische Geschäftsführerin der Piratenpartei vom Stapel, ist aber inzwischen zurückgerudert. Außer Marina Weisband gibt es Marina Berlusconi und Marine Le Pen. Marina Berlusconi wird von manchen als Nachfolgerin ihres Vaters Silvio gehandelt, der politisch Schiffbruch erlitten hat, Marine Le Pen ist Chefin der französischen Rechtspopulisten. Gegen die US-Kriegsmarine können Marine Le Pen und Marina Berlusconi natürlich nur wenig ausrichten, doch ließen sie sich eventuell als moderne Version der Seeungeheuer Skylla und Charybdis im Mittelmeer positionieren. Womöglich taucht auch Silvio Berlusconi, der früher als Schiffschaukelbremser, stopp: als Sänger auf Kreuzfahrtschiffen sein Geld verdiente, wieder auf, singt den alten Schlager „Marina, Marina, Marina" und verkündet: „Navigare necesse est – ich muss schiffen."

Der Allerbeste

US-Präsident Donald Trump ist seit nunmehr einem Jahr im Amt. Er hat uns, das darf man guten Gewissens sagen, in dieser Zeit einen neuen Blick auf die Welt eröffnet. Nach seiner Vereidigung erklärte er stolz, es sei die größte Menschenmenge versammelt gewesen, die jemals einer Amtseinführung eines US-Präsidenten beigewohnt hat. Sein Kabinett stellte er als eines der großartigsten der US-Geschichte vor. Inzwischen ist es noch großartiger geworden, da Trump viele der großartigen Leute durch noch fantastischere ersetzt hat. Nach wenigen Wochen im Weißen Haus teilte Trump mit, noch nie sei ein US-Präsident in so kurzer Zeit so erfolgreich gewesen wie er. Jetzt sagt er, sein erstes Jahr sei „das erfolgreichste erste Jahr aller US-Präsidenten" gewesen. Und Trumps Sprecherin assistiert, das erste Amtsjahr des Präsidenten sei „unglaublich erfolgreich" gewesen. Unglaublich, in der Tat. Trump verbessert nicht nur die Welt, er schafft eine ganz neue Welt – durch alternative Fakten. Trump hält sich für den Besten und die Welt zum Besten. Gerade erst versicherte er, er sei „SEHR erfolgreich", zudem „wirklich klug" und ein „geistig sehr stabiles Genie". Bereits vor seiner Wahl hatte er dem Volk kundgetan, er werde „der beste Präsident, den Gott je erschaffen hat". Also weltweit, auch rückwirkend, und für alle Zeiten. Donald Trump ist der Allerbeste. Er ist die Bescheidenheit in ihrer Urgestalt. Gott selbst hat uns dieses geistig sehr stabile Genie geschenkt, das mit seiner Intelligenz und seinem ganzen Wesen die Welt verzückt. Das ist die Wahrheit in ihrer reinsten Form, alles andere sind Fake News.

Macht Datenmüll zu Energie!

Die natürlichen Ressourcen auf unserer Erde sind begrenzt. Die Ölvorräte werden irgendwann aufgebraucht sein, mit der Kohle sieht es nicht viel anders aus, und auch Gehirn scheint heute schon vielerorts nicht mehr ausreichend vorhanden zu sein. Daher braucht es Menschen, die Visionen entwickeln. Solche wie den EU-Kommissar Günther Oettinger, der erkannt hat, Öl sei ein Rohstoff der Vergangenheit, und „der Rohstoff der Zukunft, das sind Daten". Doch wie wird dieser Rohstoff verarbeitet? Kann man aus Daten schon Autos bauen? Und ist es möglich, durch Datenverbrennung einen Motor anzutreiben und ein Auto zum Fahren zu bringen? Noch nicht, aber es wird daran gearbeitet. Sogar Datenmüll lässt sich nützlich verwerten. Jeden Tag werden von der digitalen Müllabfuhr bei Facebook Mitteilungen, Fotos und Videos gelöscht, die Hass, Gewalt und Lügen verbreiten. Das Recycling solchen Datenrohstoffs birgt ungeahnte Möglichkeiten. Mit dem Schwachsinn aus dem Netz ließen sich riesige Müllverbrennungsanlagen betreiben. Im Trump Tower in New York wird dieses Modell schon seit geraumer Zeit erprobt. Der Aufzug und die gesamte Elektrizität des Wolkenkratzers werden vollständig aus überhitzten Twittermeldungen und Redebeiträgen Donald Trumps, die ein Heizkraftwerk in Energie umwandelt, gespeist. Und jetzt wird bald auch das Weiße Haus umgerüstet. Wenn man den Datenmüll, der allein auf Facebook jeden Tag produziert wird, als regenerative Energiequelle nutzt, dann wird die Stromversorgung unseres Planeten auf unbegrenzte Zeit gesichert sein.

Die Geldverbrennungsmaschine

In dieser Woche wurde bekannt, dass das Bahnprojekt Stuttgart 21 noch einmal eine Milliarde Euro mehr kostet und sich die Fertigstellung um ein weiteres Jahr verzögert. Damit hat Stuttgart 21 im Wettbewerb um Terminverschiebungen und Kostenexplosionen bei Verkehrsgroßprojekten derzeit die Nase vorn: Der Tiefbahnhof kostet jetzt 7,6 Milliarden Euro und wird erst 2024 fertig, der Hauptstadtflughafen BER dagegen soll nur 5,4 Milliarden kosten und schon 2020 betriebsbereit sein. Wie lässt sich langfristig noch mehr Geld in den Sand setzen? Die Planer und Architekten sollten endlich gemeinsam nach Lösungen suchen – und die Großprojekte Stuttgart 21 und BER zusammenlegen. Verschiedene Optionen sind denkbar. Einerseits könnte das Milliardengrab Stuttgart 21 zugeschüttet und dafür der Hauptstadtflughafen tiefergelegt werden. Andererseits spricht vieles dafür, nicht nur Stuttgart 21, sondern ganz Stuttgart tieferzulegen. Auf der freien Oberfläche könnten dann Rollwege sowie Start- und Landebahnen gebaut und in Berlin währenddessen die Fluggastterminals fertiggestellt werden. Die Passagiere werden dann per Hochgeschwindigkeitstransportsystem Hyperloop zwischen Stuttgart und Berlin hin und her transportiert. So wird die Prophezeiung des Visionärs Edmund Stoiber doch noch erfüllt: Die Passagiere steigen in den Hauptbahnhof ein und sind dann, äh, in zehn Minuten, ohne dass sie am Flughafen noch einchecken müssen, quasi schon in der Luft. Sobald diese Baumaßnahmen beginnen, können wir guten Gewissens sagen: Jetzt wächst zusammen, was zusammengehört.

Dies ist eine Warndurchsage

Tabakprodukte sollen bald mit Schockfotos und noch größeren Warnhinweisen versehen werden. Das ist gut, vor dem Rauchen kann gar nicht genug gewarnt werden. Leider gibt es in anderen Bereichen des Lebens kaum Warnhinweise. Auf Etiketten alkoholischer Getränke sollte künftig stehen: „Übermäßiger Genuss kann zu Abhängigkeit, Halluzinationen, Erbrechen, extrem dummem Gerede und zum Entzug des Führerscheins führen." Vor dem Erwerb von Neuwagen sollte folgendermaßen gewarnt werden: „Dieses Fahrzeug schädigt die Umwelt, stinkt, gefährdet Sie und andere Verkehrsteilnehmer, und die Angaben zum Schadstoffausstoß sind sowieso ein Witz." Wahlstimmzettel müssten den Hinweis enthalten: „Es besteht die Gefahr, dass die Partei, bei der Sie gleich ein Kreuz machen, in der Regierung eine ganz andere Politik betreibt, als sie im Wahlkampf versprochen hat, und Sie aus Ärger darüber Pickel kriegen." Ein möglicher Warnhinweis für Mitglieder religiöser Gemeinschaften: „Glauben kann zu einer verzerrten Wahrnehmung der Realität, Rechthaberei und in extremen Fällen zu Gewalt führen und Ihnen und den Menschen in Ihrer Umgebung erheblichen Schaden zufügen." Und vor Musik von Krawall-Rappern sollte so gewarnt werden: „Diese Texte können Aggressionen, eine dauerhafte Störung des Sprachzentrums und vollkommene Verblödung verursachen." Bei Auftritten von Heino oder den Amigos sind hingegen keine Warnhinweise nötig, da die Konzertplakate mit den Fotos der Künstler die Kriterien von Schockfotos bereits ausreichend erfüllen.

An der Supermarktkasse

Zahlen Sie bar oder mit Karte? Diese Frage wird immer öfter gestellt, nicht nur an der Supermarktkasse. In London ist es längst üblich, auch Kleinstbeträge mit Karte zu zahlen. In Schweden gilt das Motto: „Bargeld braucht nur noch deine Oma". Auch hierzulande wird das bargeldlose Zahlen immer beliebter. John Cryan, Chef der Deutschen Bank, sagt: „Bargeld ist einfach schrecklich ineffizient." Manche lachen über ältere Menschen, die sich auf der Suche nach dem passenden Geldbetrag an der Supermarktkasse auf eine längere Expedition in die Tiefen ihres Geldbeutels begeben. Ich stand kürzlich auch an einer Supermarktkasse. Vor mir stand eine junge Frau, die einen Müsliriegel für 59 Cent, einen Deostick für 1,19 Euro und ein stilles Wasser für 39 Cent aufs Band legte. Das kann man ja unmöglich in bar bezahlen, nein, mit Karte ist es viel einfacher. Sie steckt die Karte in den Schlitz, es funktioniert nicht. Sie zieht sie raus, steckt sie wieder rein. Macht nichts, dauert halt ein bisschen. Die Kassiererin freut sich auch, da kann sie mal durchschnaufen. „Zweite Kasse bitte!" ruft jemand. Die Bargeldverweigerin fummelt weiter an dem Zahlgerät herum. Der Deutsche-Bank-Chef hat schon recht, Bargeld ist schrecklich ineffizient. Jetzt zieht die Münzenlose – kann mich bitte jemand sofort hier rausholen? – auch noch eine zweite Karte hervor, und das alles, um diesen dämlichen Müsliriegel, den blöden Deostick und das saudumme stille Wasser für die immense Gesamtsumme von sage und schreibe 2,17 Euro zu begleichen – das ist wirklich total zeitsparend und effizient. Bargeld ist ja so was von gestern.

Wie Politik verständlich wir

Politiker und Journalisten wollen sich in diesem Wahljahr einfach und klar ausdrücken, damit die Bürger sie auch verstehen. Und das ist ja auch gar nicht schwer. Man muss nur die üblichen Floskeln und gestanzten Formeln mal beiseitelassen und einfach sagen, wie es ist. Nämlich, dass man in dieser Ära der Austeritätspolitik und geopolitischen Verwerfungen die Fliehkräfte im gesamteuropäischen Kontext sehen muss. Das gilt auch für die wirtschaftspolitischen Rahmenbedingungen, den Finanzierungsausgleich und das Konnexitätsprinzip, damit die steuerfinanzierte Rentensäule durch die Binnenmarktnachfrage als Stabilisierungsfaktor konsolidiert wird, das heißt: Der Dämpfungsfaktor in der Pufferzone muss zum einen durch eine Beitragsdeckelung, zum anderen nach einem reziproken Aufteilungsschlüssel durch arbeitsmarktpolitische Instrumente ergänzt werden. Hierzu ist es unabdingbar, die kalte Progression und den Brutto-Netto-Ausgleich, anders ausgedrückt: Die Achse der transatlantischen Partnerschaft darf kein erratischer Block werden, sondern muss auch Kohäsionsstaaten und Schwellenländer in der Subsahara im Rahmen gesamträumlicher Koordinierungsfunktionen im Hinblick auf die Globalisierung 4.0 als Kooperationszonen etablieren. Nur so können durch bilaterale Gespräche und administratives Regierungshandeln die zu hypertroph gewordenen Anteile kollektiver Systeme reduziert und vom Kausalitätsballast befreit werden. So einfach ist das. Und wenn man es den Menschen draußen im Land auch so einfach erklärt, dann verstehen sie auch, worum es geht.

Kommt nach dem Brexit der Brexodus?

Der Antrag auf den Brexit ist noch gar nicht offiziell eingereicht, da geht in Brüssel schon die Angst vor Austrittbestrebungen weiterer Staaten um. Bleiben die Niederlande und Frankreich Teil der EU, oder kommen bald der Nexit und der Frexit? Ist der Grexit wirklich schon vom Tisch? Werden die Österreicher einen Öxit fordern? Erklärt dann Wien seinen Austritt aus Österreich und strebt einen Wixit an? Aber zurück zum Brexit, der schon für genug Aufregung sorgt. Wie das Brexperiment ausgeht, weiß derzeit niemand. Bevor der Brexit vollzogen wird, drohen noch viele weitere Szenarien, die sprachlich bewältigt werden wollen. Zunächst braucht die EU ein Brexposé über die Modalitäten des Austritts. Viele vermuten, dass Brüssel nicht mit sich verhandeln lässt und zur Abschreckung an London ein Brexempel statuiert. Nach dem Referendum geht bei vielen Bürgern und Unternehmen auf der Insel die Brexistenzangst um. Möglich ist auch ein Brexzess, also eine Schlägerei im britischen Parlament, da die Fronten in der Politik verhärtet sind. Das liegt vor allem an Brextremisten wie Boris Johnson und Nigel Farage, die wegen ihrer populistischen Parolen bereits als Brexidioten gelten. Überdies besteht die Gefahr einer Brexplosion, wenn sich Schottland abspaltet und die Insel auseinanderfliegt. Wird der Brexit vollzogen, können nach Meinung der Brexperten zwei Dinge passieren: Entweder folgt ein Brexitus und die Insel geht unter. Oder es setzt ein Brexodus ein, das heißt die vernünftigen Briten ziehen auf den Kontinent und gehen ins Brexil, wo sie fortan als Brexoten geduldet werden.

Alles wird fantastisch

Am Sonntag wird der Bundespräsident gewählt. Vor kurzem trat der neue US-Präsident sein Amt an und hielt eine Rede, die weltweit für Verstörung sorgte. Ich hatte einen Traum, einen Alptraum, in dem unser Präsident ähnlich zu uns sprach: „Wir, die Bürger Deutschlands, sind nun in einer großen nationalen Anstrengung geeint. Gemeinsam werden wir den Kurs dieses Landes und der Welt viele Jahre lang bestimmen. Ich werde der beste Präsident sein, den Gott je erschaffen hat. Und mein Beraterstab ist großartig, er ist fantastisch. Der sogenannte Bundestag ist langweilig und lächerlich. Und überschätzt. Niemand mag ihn. Aber ich bin großartig. Das ist die Wahrheit. Dieses Land ist kaputt. Schrecklich. Die Bundeswehr verfügt nur noch über flugunfähige Drohnen, Panzer mit Stützrädern, einige Strandhaubitzen und eine Schreckschraube. Die Generäle sind totale Versager. Doch Deutschland wird wieder anfangen, zu gewinnen. Von heute an wird es nur noch heißen: Deutschland zuerst. Alles wird absolut fantastisch. Deutschland wird wieder großartig, das beste Land von allen. Alle anderen Länder sind obsolet. Wir bauen die umweltfreundlichsten Autos. Sie machen die Luft sauber. Die ganze Welt beneidet uns darum. Wir werden auch neue Autobahnen bauen, quer durch dieses wunderbare Land, und die Mexikaner werden für sie bezahlen. Ich bin vielleicht nicht ganz dicht, aber das macht nichts. Vertrauen Sie mir! Milliarden Menschen überall auf der Welt hören mir jetzt zu. Sie lieben mich. Wer anderes behauptet, lügt. . .“ Aber das war zum Glück nur ein bizarrer Traum.

Grundkurs in politischer Geometrie

Der Präsident der EU-Kommission, Jean-Claude Juncker, hat für ein „Europa der konzentrischen Kreise" plädiert. Um einen festen Kern der EU könne es Länder geben, die auf konzentrischen Kreisen um diesen Mittelpunkt herumschwirren. Was bedeutet das? Zum einen, dass Juncker mathematisch-politisches Geschwurbel produziert, das kaum jemand versteht. Zum anderen ist die Sache aber klar: Das auf den Prinzipien der euklidischen Elementargeometrie basierende Gefüge der Europäischen Union, welche die Quadratur der konzentrischen Kreise zum Ziel hat, wird durch den Brexit verzerrt, während die Euroländer als Hypotenusen oder Hyperbeln oder so ähnlich keine geschlossene Fläche mehr bilden und sich das Oval Office im Weißen Haus durch Donald Trumps Realitätsverbiegungen elliptisch verformt. Wie wirkt sich all dies auf die politische Geometrie in Deutschland aus? Hierzu lösen Sie bitte folgende Textaufgabe: Wenn am Sonntag Bundestagswahl wäre und sich das politische Koordinatensystem so weit verschiebt, dass die SPD im Tortendiagramm zwei gleichschenklige Dreiecke bildet, die AfD den rechten Winkel fixiert und die Union in einem Tangentenviereck eingeschlossen ist: Kann dann der Satz des Pythagoras noch Gegenstand von Koalitionsverhandlungen sein? Und auf welche Linien muss Berlin achten, wenn der Quadratschädel in Washington in seinem ovalen Büro im Sechseck springt? Die richtige Lösung haben gut unterrichtete konzentrische Kreise ausgerechnet und im parallelogrammförmigen Büro von Jean-Claude Juncker hinterlegt.

Die Milch braucht Perspektiven

In Berlin treffen sich Milchbauern, Vertreter von Molkereien und des Handels zum „Milchgipfel", um mit dem Bundeslandwirtschaftsminister über die Milchkrise zu beraten. So viel ist klar: Es müssen jetzt ganz neue Wege beschritten werden. Hierzulande wird mehr Milch produziert als verkauft. Mitschuld an dieser Situation ist die Laktoseintoleranz, die Milchzuckerunverträglichkeit. Laktoseintoleranz ist eine Schande für unser Land, das sonst so stolz auf seine Toleranz ist. Der Bundespräsident muss daher für mehr Toleranz gegenüber Laktose werben, um den Milchkonsum anzukurbeln. Auch muss die Frage gestellt werden: Ist die Milch überhaupt schon im digitalen Zeitalter angekommen? Wer Milch immer noch analog im Tetrapack oder der Flasche vermarktet, ist von der Zielvorgabe „Milch 4.0" weit entfernt und muss sich nicht wundern, wenn er junge, hippe Käufer nicht mehr erreicht. Warum wird keine Milch über Streamingdienste angeboten? Warum kann man sich Milch immer noch nicht aus dem Netz herunterladen? Die Milch braucht auch mehr Follower auf Twitter, und ihre Freunde sollten öfter Fotos von einem Glas Milch auf Facebook posten, damit Hunderttausende „Gefällt mir" klicken können. Langfristig führt kein Weg daran vorbei, neben der Frauenquote eine Milchquote in Unternehmen einzuführen. Das heißt: 25 Prozent der Führungsposten müssen mit Milchmädchen oder Milchbubis besetzt werden. Oder es nimmt eine Milchkanne auf dem hochdotierten Chefsessel Platz. Das fällt in der Regel nicht weiter auf, und außerdem ist dann die Milch vom Hof.

Ein unschlagbarer Plan

Der Klimawandel ist bekanntlich eine Erfindung der Chinesen. Das Konzept der Erderwärmung wurde allein zu dem Zweck geschaffen, der US-Wirtschaft zu schaden. US-Präsident Donald Trump hat dies messerscharf erkannt und nun die einzig richtige Konsequenz daraus gezogen: Er hat das Klimaschutzabkommen von Paris, das zum Ziel hat, die Erderwärmung auf unter zwei Grad zu begrenzen, aufgekündigt. Trump will, dass von den „großartigen Kohle-Bergmännern" auch künftig großartige Kohle gefördert wird, und auch er als Milliardär will weiter Kohle machen. Trump hat erkannt: Das Klima ist obsolet, überholt, ein schlechter Deal. Wozu brauchen die USA ein Weltklima? Die Vereinigten Staaten machen künftig ihr eigenes Klima, sie haben ja die Geräte dafür: großartige Klimaanlagen, die besten auf der ganzen Welt. Die Klimakonferenz will sich nun auf ihrer nächsten Sitzung mit folgenden Fragen beschäftigen: Inwieweit ist die heiße Luft, die Trump täglich auf Twitter produziert, für die Erderwärmung verantwortlich? Und ist Trump selbst schon komplett hirnverbrannt, oder kann es noch gelingen, den Temperaturanstieg in seinem Kopf auf zwei Grad zu begrenzen? Der US-Präsident hat derweil für den aus seiner Sicht unwahrscheinlichen Fall, dass der Klimawandel doch existiert, einen unschlagbaren Plan, wie er Amerika vor ihm schützen kann: Er lässt einfach eine Mauer um die USA bauen, um den Klimawandel an den Grenzen zu stoppen. Und falls doch die ganze Welt untergeht, gilt natürlich weiter das, was Trump seinen Wählern versprochen hat: Amerika zuerst.

Ein sehr ehrgeiziges Ziel

Die Eröffnung des neuen Berliner Hauptstadtflughafens verzögert sich weiter. Es läuft also alles zuverlässig weiter nach Plan. Der Eröffnungstermin wurde bereits mehrfach verschoben und scheitert nun an rund 1100 Türen, die neu verkabelt werden müssen, weil sie im Brandfall nicht ordnungsgemäß schließen. Außerdem gibt es Probleme mit der Sprinkleranlage. Zuvor waren bereits Zehntausende andere Mängel festgestellt worden: Gepäck- und Abfertigungsschalter fehlten, Regenwasser floss ins Lüftungssystem, Rohrstücke passten nicht ineinander, Rolltreppen waren zu kurz und endeten im Nichts. Das Notstromsystem funktionierte nicht, dafür wusste lange niemand, wo das Licht ausgeht. Die zentrale Frage ist aber nun: Werden die Verantwortlichen auch künftig neue Gründe finden, um die Eröffnung des Flughafens noch weiter aufzuschieben? Sind vielleicht bald die Start- und Landebahnen zu kurz? Müssen die verlängerten Rolltreppen neu verschraubt werden? Muss der Flughafen, weil sich in einigen Bereichen eine geschützte Hamsterart angesiedelt hat, teilweise verlegt werden? Dürfen marode Bauabschnitte gar nicht mehr entfernt werden, da sie mittlerweile unter Denkmalschutz stehen? Eines ist klar: Die Bundesbürger erwarten inzwischen, dass sich die Eröffnung des Flughafens weiter verzögert. Nach Expertenmeinung ist eine Inbetriebnahme zwar irgendwann theoretisch möglich. Die Eröffnung noch bis Ende dieses Jahrhunderts hinauszuschieben, ist natürlich ein sehr ehrgeiziges Ziel. Aber mit ein wenig gutem Willen und Einfallsreichtum sollte das zu schaffen sein.

Dem E-Politiker gehört die Zukunft

Die Bundesregierung will die Elektromobilität weiter voranbringen. Bislang sind nur 7114 Elektroautos in Deutschland unterwegs. Doch E-Autos gehört die Zukunft, denn sie sind umweltfreundlich und kommen ohne fossile Brennstoffe aus. Die Regierung will daher bis zum Jahr 2020 eine Million Elektromobile auf die Straße bringen. Um der Energiewende einen zusätzlichen Schub zu verleihen, wird nun auch darüber nachgedacht, Politiker auf Elektromobilität umzustellen. Nachdem bereits Modelle mit Hybridantrieb (Peer Steinbrück, Alexander Dobrindt) mehr oder weniger erfolgreich getestet wurden, soll bald auch eine Baureihe von E-Politikern auf den Markt kommen. Volksvertreter, die mit fossilen Brennstoffen betrieben werden, haben bekanntlich einen hohen Schadstoffausstoß und sind auch im Verbrauch zu teuer. Allein der Ex-CSU-Fraktionschef Georg Schmid kostete den Steuerzahler 289 735 Euro pro Jahr. Bis 2025, so das ehrgeizige Ziel, sollen daher 50 Prozent der Abgeordneten E-Politiker sein. Da diese wie E-Autos sauber und leise funktionieren, wird es keine Schmutzeleien oder Brüllereien in Talkshows mehr geben. Parteien können einfache Abgeordnete als Serienmodell auf den Markt bringen, Minister werden natürlich mit Extras wie Lenkkraftunterstützung, größerer Akku-Kapazität und Einparkassistenten ausgestattet. Schon bald soll bei Angela Merkel ein Navigationssystem eingebaut und die Kanzlerin komplett auf E-Mobilität umgerüstet werden, damit ihr TÜV bei den Bundestagswahlen dann automatisch jeweils um vier Jahre verlängert werden kann.

Die politische Gesäßgeografie

Im neuen Bundestag müssen jetzt 709 Abgeordnete Platz finden, so viele wie noch nie. Im Plenarsaal hat daher das große Stühlerücken begonnen. Für die konstituierende Sitzung nächste Woche gilt folgende Sitzordnung: Vom Präsidium aus gesehen ganz rechts sitzt die AfD, daneben die FDP, und dann, weiter nach links gehend, die Abgeordneten der CDU/CSU, der Grünen, der SPD und der Linkspartei. Nun will die FDP aber nicht neben der AfD sitzen. Die Liberalen wollen in die „Mitte des Parlaments". Das wird schwierig, da sich ja auch die CDU als „Partei der Mitte" sieht. Der FDP-Politiker Erich Mende nannte einst die Diskussion darüber, wo Politiker bestimmter Parteien im Parlament sitzen, „Gesäßgeografie". Nun könnte man gesäßorientiert trefflich darüber streiten, ob es wirklich so wichtig ist, welche Ärsche wo sitzen, jedoch: das Problem will gelöst werden. Muss der Sitzungspräsident sitzunwillige Abgeordnete bald mit einem barschen „Sitz!" oder „Platz!" zur Ordnung rufen? Sollten Parlamentarier in Form einer Tortengrafik verteilt werden oder künftig spontane Sitzgruppen bilden? Ein Vorschlag zur Güte: Künftig wird vor jeder Plenarsitzung die Reise nach Jerusalem gespielt. Die Stühle werden im Kreis angeordnet, jeweils ein Stuhl weniger, als der Bundestag Abgeordnete hat. Dann ertönt Musik, alle Politiker müssen sich im Kreis um die Stühle bewegen, und wenn die Musik aufhört, einen freien Stuhl besetzen. Wer leer ausgeht, muss den Bundestag verlassen. Das wäre übrigens auch eine Möglichkeit, die immense Zahl von 709 Abgeordneten bis zum Ende der Legislaturperiode zu reduzieren.

Heinz macht weiter mit Wirtschaft

Die Frage, ob man jemanden duzen oder siezen sollte, zählt zu den heikelsten Problemen zwischenmenschlicher Kommunikation. Unterm Strich jedoch kann man sagen: Das Duzen schafft eine Atmosphäre des Vertrauens. So hat es etwas durchaus Heimeliges, wenn Nachrichtenmoderatoren, während sie uns über Koalitionsverhandlungen und andere Katastrophen informieren, einander mit Vornamen anreden – wie im „heute-journal". Dort warten auf uns zum Beispiel Claus, Gundula, Marietta und Heinz, die Moderatoren und Co-Moderatoren der Sendung. Claus (Kleber) moderiert meist zusammen mit Gundula (Gause), Marietta (Slomka) mit Heinz (Wolf). Nachdem Claus mit den Korrespondenten Philipp oder Uli gesprochen hat, sagt er oft: „Und nun Nachrichten aus der Wirtschaft mit Gundula." Haben Claus und Gundula frei, erscheinen meist Marietta und Heinz auf dem Bildschirm. Dann erzählt Marietta das Wichtigste aus der Politik, und zur Überleitung sagt sie gern: „Heinz macht weiter mit Wirtschaft." Wenn Heinz fertig und auch sonst alles gesagt ist, sagt Marietta zum Abschied oft: „Uns gibt's dann morgen wieder. Bis dahin, tschüss." Und wie ist es bei uns in der Zeitung? Nun, Michael und Martin berichten heute für Sie vom SPD-Parteitag, Gisela kommentiert die Affäre Hoeneß, Birgit befasst sich mit fehlerhaften Brustimplantaten, Detlef beleuchtet die Lage von Asylbewerbern, Rudi schreibt über den Prozess gegen Christian Wulff, und außerdem haben Angelika, Achim, Holger und viele weitere Kollegen etwas für Sie auf der Pfanne. Uns gibt's dann morgen wieder. Bis dahin, tschüss.

DER INTELLIGENTE MISTHAUFEN

INTERNET UND DIGITALISIERUNG

„Der Rohstoff der Zukunft, das sind Daten."
(Günther Oettinger)

Die total vernetzte Welt

Das Internet ist eine großartige Erfindung. Allerdings muss man differenzieren. Die vernetzte Welt birgt auch Risiken. Ein Hackerangriff kann dazu führen, dass Hunderttausende nicht mehr telefonieren oder fernsehen können. Cyber-Kriminelle knacken Passwörter und buchen Geld von fremden Konten ab. Meinungsroboter, die von menschlichen Nutzern nicht zu unterscheiden sind, verbreiten Propaganda im Netz – und plötzlich ist Donald Trump US-Präsident. Onlinefähige Puppen werden über eine Bluetooth-Funkverbindung zum Sprachrohr von Pädophilen. Vor allem die Smart-Home-Technologie mit ihren integrierten Geräten wird noch für viele Überraschungen sorgen. Beispiel: Ein Rasenmäher wird nach einer Cyberattacke zum Staubsauger und beginnt, Daten aus der Cloud abzusaugen. Ein onlinefähiges Bügeleisen programmiert einen Wäschetrockner um, der sich fortan für einen Herd hält und anfängt, Brötchen aufzubacken. Man muss auch damit rechnen, dass eine smarte Waschmaschine, die bislang ein unauffälliges Leben führte und strafrechtlich nicht in Erscheinung getreten ist, Teil eines Bot-Netzwerks wird und andere Geräte angreift. Oder dass sich autonome Autos bei Krawallen dem Block autonomer Randalierer, die Autos anzünden, anschließen, sich in die Luft sprengen und so zu Selbstmordattentätern werden. Denkbar ist auch, dass sich ein intelligenter Kühlschrank plötzlich radikalisiert und zum militanten Islamisten wird. In diesem Fall müsste die Frage, ob es sich bei diesem Kühlschrank um ein intelligentes Gerät handelt, natürlich neu beantwortet werden.

Mark Zuckerbergs dressierte Affen

In dieser Woche hat Facebook wieder für Schlagzeilen gesorgt. Zum einen hat sich Mark Zuckerberg für den Datenskandal bei seinem Online-Netzwerk entschuldigt. Bei seiner Anhörung vor dem EU-Parlament blieben dennoch viele Fragen offen. Zum anderen ist die Orang-Utan-Dame Nonja in Wien im Alter von 42 Jahren gestorben. Sie war der erste Affe weltweit mit einem eigenen Facebook-Auftritt. Seitdem sind, wie wir wissen, noch etliche dazugekommen. Die Primatin Nonja nutzte eine Facebook-taugliche Kamera, die laut Hersteller so leicht zu bedienen war, „dass es jeder Affe schafft". Als Belohnung für jedes Foto, das sie schoss und das dann auf Facebook auftauchte, erhielt sie eine Rosine, die automatisch aus der Kamera sprang, sobald diese betätigt wurde. Wir wissen nun nicht, welche Rosinen wo herausspringen, wenn andere Facebooknutzer Fotos oder Selfies posten. Auch manch anderes bleibt unklar. Wusste Nonja, was Facebook mit ihren Daten anstellt? Oder hat sie sich, wie viele andere Affen, nicht sonderlich dafür interessiert? Wurde ihr Facebook-Konto – inzwischen hat sogar der frühere Vizepräsident des Netzwerks, Chamath Palihapitiya, über Facebook gesagt, seine Kinder dürften „diesen Scheiß" nicht nutzen – womöglich sogar ohne ihre Zustimmung erstellt? Und hat der Orang-Utan durch über Facebook verbreitete Fake News und Werbung mittelbar oder unmittelbar dazu beigetragen, dass Donald Trump zum US-Präsidenten gewählt wurde? Auch im Fall Nonja bleiben, wie bei Mark Zuckerbergs Anhörung vor dem EU-Parlament, viele Fragen unbeantwortet.

Die Liebe geht seltsame Wege

Dem Triebleben und dem mit ihm einhergehenden Balzverhalten verdanken wir manch bizarre Schauspiele. Pfaue schlagen ein Rad, Spechte trommeln, Molche verfärben sich. Nun haben Würzburger Wissenschaftler herausgefunden, dass sich junge Männer durch auffällige Smartphones zur Erreichung ihrer partnerschaftlichen Ziele aufhübschen und so „sexuelle Signale" aussenden. Das Smartphone ist also ein Instrument des Balzrituals. Daher wird es sich gemäß dem Gesetz der Evolution zwangsläufig weiterentwickeln, um seiner ureigenen Aufgabe noch besser gerecht werden zu können. Zwar ist das Handy noch kein primäres Geschlechtsmerkmal, sondern nur ein Behelfsinstrument, aber als solches durchaus ausbaufähig. Bald wird es viel größer werden, damit es in der Tasche des Beinkleids des Mannes eine „dicke Hose" markiert. Und das iPhone6 kommt unter neuem Namen als iPhoneSex auf den Markt. Evolutionsgeschichtlich hat sich das Handy an das Verhalten von Menschen ja bereits angepasst: Auch das Smartphone liebt es, wenn jemand über seine berührungsempfindliche Oberfläche streicht, andernfalls fühlt es sich vernachlässigt. Schon heute gehen viele Männer – offenbar eine evolutionäre Verirrung in dem Wirrwarr zwischen Handywahn und Balzverhalten – mit ihren Smartphones zärtlicher um als mit ihren Partnerinnen. Langfristig wird es darauf hinauslaufen, dass die Frauen den Kürzeren ziehen und Männer mit ihrem Smartphone eine Ehe eingehen dürfen. Sobald sich der männliche Partner ein neues Gerät zulegt, darf das ausrangierte Smartphone die Scheidung einreichen.

Apple macht jetzt alles größer

Der US-Technologiekonzern Apple hat endlich wieder neue Geräte vorgestellt. Jahrelang mussten wir darauf warten. Und seien wir ehrlich: Es waren entbehrungsreiche, ja: verlorene Jahre. Umso wilder wurde darüber spekuliert, womit Apple diesmal überraschen würde: Mit einer optimierten Datenbrille? Einer intelligenten Uhr? Einer dummen Uhr, die sich klug stellt? Oder gar einer Datenbrillenuhr mit gebogenem Display, die die Krümmung der Raumzeit zurechtbiegt? Leider blieb die nun vorgestellte Apple Watch hinter diesen Möglichkeiten zurück. Das neue iPhone gibt es dafür in zwei Modellen als iPhone 6 und iPhone 6 Plus. Neu ist eigentlich nur eines: „Sie sind größer, sie sind viel größer", teilte Apple-Marketingchef Phil Schiller bei der Präsentation der Geräte mit Display-Diagonalen von zwölf beziehungsweise 14 Zentimetern mit. Apple hat aber noch Größeres vor. Demnächst kommt das iPhone 7 – es ist so groß wie das iPad, man kann damit aber auch telefonieren. Das iPhone 8 Senior Plus hat extragroße Tasten oder wahlweise ein Display mit virtueller Wählscheibe, einen Klingelton für Schwerhörige, ist 40 Zentimeter lang und kann zwischen den Lenkgriffen eines Rollators montiert werden. Dann kommt das iPhone 9 XXL Super Plus, das so groß ist wie eine Duschkabine. Nutzer können sich mitten in das Gerät hineinsetzen – werden also von der Welt um sie herum gar nicht mehr abgelenkt – und sich dort durch die Aktivierung einer Spezial-App einen Eimer eiskaltes Wasser über den Kopf schütten lassen und den Vorgang durch Drücken des Gefällt-mir-Buttons beliebig oft wiederholen.

Der intelligente Misthaufen

Die Auffassung, dass die dümmsten Bauern die dicksten Kartoffeln ernten, bildet die Realität heute nur noch unzureichend ab. Die Digitalisierung sorgt für intelligente Lösungen – auch auf dem Acker und in landwirtschaftlichen Betrieben. Experten sprechen hier von Digital oder Smart Farming. Worum geht es? Nach einer neuen Studie nutzt bereits jeder zweite Hof in Deutschland Digitaltechnik. Landwirte erhalten über Smartphone oder Tablet Ertragsvorhersagen und Empfehlungen zur Bewässerung. Im Kuhstall waltet der Melkroboter seines Amtes, draußen wird der Traktor zur Präzisionsmaschine. Und das ist erst der Anfang. Bald ist der intelligente Misthaufen komplett mit dem Acker vernetzt und weiß, wann Düngung erforderlich ist: Er schickt dann eine Drohne, die den Mist portionsweise absaugt und anschließend über dem Feld herunterlädt. Bei Frostschäden muss der Landwirt 4.0 seine Anbaufläche nur einmal kurz herunterfahren und neu starten, dann kann er die Benutzeroberfläche neu formatieren. Auch das bisherige Schweinesystem hat keine Zukunft mehr: Das analoge Schwein hat ausgedient und wird durch die digitale Sau ersetzt, die über zusätzlichen Speicherplatz für Schnitzel und Schäufele verfügt. Die Hühner wissen dank Smart Watch genau, wann sie ihre Eier legen müssen und erfahren durch eine App zudem, ob mit einem Eisprung zu rechnen ist. Und während die autonome Erntemaschine auf dem Breitbandacker herumsurft, kann der smarte Farmer seinen Hühnern auf die Eier gehen. Die Digitalisierung in ihrem Lauf halten weder Ochs noch Esel auf.

WLAN im Maya-Land

Es gibt viele Gründe, nach Mexiko zu rei. Strände, Sombreros, Tequila – oder die imposanten Tempelstädte der Maya. Ich war gerade mit einer Reisegruppe dort unterwegs und habe herausgefunden: Viele reisen offenbar nach Mexiko, weil sie wissen wollen, ob es dort WLAN gibt und wie sie ins Internet kommen. Schon in Uxmal, der ersten Station einer Rundreise auf den Spuren der Maya, fragte ein Teilnehmer: Gibt es hier WLAN? Da der Code der Maya-Inschriften entschlüsselt ist, beschäftigten sich viele meiner Reisebegleiter im Hotel mit dem viel interessanteren Code für den Internetzugang. Schon nach Besichtigung der ersten von vier Maya-Städten meinte ein Mitreisender, er habe langsam einen Ruinenkoller und begann, auf seinem iPad Strichmännchen zu malen. Beim Abendessen gab es WLAN als Vorspeise: Während der Kellner Bestellungen aufnahm und sich im Hintergrund eine Mariachi-Band abmühte, fixierten sieben von zehn Tischgästen starren Blicks ihre Smartphones. Nach dem Dessert saßen sie schweigend nebeneinander und wischten auf ihren Geräten herum. Auf dem Weg nach Chichén Itzá, der vielleicht faszinierendsten der alten Maya-Städte, kündigte ein Mitreisender an, dass er, dort angekommen, gleich versuchen werde, ins Internet zu gehen. Die Maya haben übrigens ihre Pyramiden und Paläste irgendwann verlassen und aufgegeben. Warum, darüber rätseln Forscher noch immer. Ich glaube, ich habe die Lösung gefunden: Die Maya verließen ihre Städte, weil das WLAN nicht funktionierte und zogen dorthin, wo es schnelles Internet gab.

Facebook entdeckt das Gehirn

Facebook hat gerade angekündigt, dass es das menschliche Gehirn künftig stärker in seine Unternehmensstrategie einbinden will. Das Netzwerk arbeitet an einer Technologie, die es Nutzern ermöglichen soll, ihre Gedanken direkt in Sprache umzuwandeln und ohne den Umweg über eine Tastatur online zu bringen. So könnten Nutzer zum Beispiel Kurznachrichten senden, ohne sie in ihr Smartphone eintippen zu müssen. Langfristig soll es auch möglich sein, dass Facebook-Mitglieder mit dem Smartphone in ihrem eigenen Gehirn anrufen und fragen können, ob dort gerade etwas los oder das Organ auf Standby-Betrieb geschaltet ist. Es ist auf jeden Fall eine gute Nachricht, wenn das Gehirn bei Facebook bald eine größere Rolle spielt. Die Entwicklungsabteilung des Unternehmens muss sich auch mit der Frage beschäftigen, wie Gedanken in Sprache umgewandelt werden können, wenn bei vielen Nutzern, wie Stichproben ergeben haben, gar keine Gedanken vorhanden sind. Womöglich arbeitet Facebook auch schon daran, die Gehirne der User ganz auszuschalten und so zu programmieren, dass sie trotzdem Online-Traffic erzeugen und so Werbeeinnahmen generieren. Schon jetzt steht die berechtigte Forderung im Raum, die Accounts jener User, deren Posts auf ein Vakuum im Gehirn schließen lassen, zu löschen. Facebook überprüft nun, auch komplett Hirnlosen einen Account einzurichten und ihnen ein kostenloses Gehirnimplantat zur Verfügung zu stellen. Wenn man sich manche Profile und Kommentare so anschaut, wäre das Unternehmen vielleicht gut beraten, sofort damit zu beginnen.

Die Lizenz zum Wischen

Endlich ist jetzt wieder ein neues iPhone auf den Markt gekommen. Das iPhone X hat alles, was man von einem Apple-Gerät erwarten darf: Lautsprecher, Kamera, Linsen, Sensoren, Schlitze, Schnittstellen und eine Benutzeroberfläche, auf der man kreuz und quer herumwischen kann. Wer die 1149 Euro für den Apparat ausgibt, erwirbt damit gleichzeitig die Lizenz zum Wischen. Um das iPhone X zu entsperren und zu benutzen, muss man erst mal die dreidimensionale Gesichtserkennung Face ID aktivieren, sich das Gerät wie bei einem Selfie vors Gesicht halten und zweimal hintereinander mit der Nase eine kreisförmige Bewegung ausführen. Besonders Geübte können auch wahlweise mit den Ohren wackeln – was zudem den Vorteil hat, dass es auf Unbeteiligte noch verstörender wirkt. Wer zwischen geöffneten Apps wechseln will, muss jetzt bei der Wischgeste vom unteren Bildschirmrand nach oben in der Mitte stoppen. Wer gerade keine zweite Hand frei hat, kann statt zu wischen aber auch einfach Stevie Wonders Song „I wisch" singen und das Gerät dazu vor dem Gesicht von unten nach oben bewegen – natürlich auf die Gefahr hin, irgendwann von Umstehenden selbst eine gewischt zu bekommen. Außerdem hat Apple zur Gewinnmaximierung noch einen ganz neuen Wischmodus in das Gerät eingebaut: Wer auf dem Display gegen den Uhrzeigersinn kreisförmig herumwischt, schaltet das Gerät nicht nur aus, sondern sorgt dafür, dass es ganz verschwindet: Mit einem Wisch ist alles weg. Man kann dann bei Apple für 1149 Euro aber gleich ein ganz neues Gerät bestellen.

Die Armee wird zur Bundeswehr 4.0

Die Industrie 4.0 ist das zentrale Thema der Hannover Messe. Dabei geht es um die totale Datenvernetzung: Computer kommunizieren im Internet der Dinge selbst miteinander, Maschinen denken eigenständig, 3D-Drucker liefern Ersatzteile und überflüssige Mitarbeiter werden in die Cloud ausgelagert. Arbeitswelt und Industrie erfinden sich gerade neu. Anhand gesammelter Daten sagen Teile von Maschinen bald selbst voraus, wann sie kaputtgehen. Diese Entwicklung wird Einfluss auf viele Bereiche unseres Lebens haben. Im Verteidigungsministerium gibt es Pläne für den Umbau der Armee zur Bundeswehr 4.0. Das heißt: Marode Ausrüstungsgegenstände des Heers melden künftig selbst, welche von ihnen als Nächstes kaputtgehen. Wenn zum Beispiel das Sturmgewehr G36 statt geradeaus wieder um die Ecke zielt, werden Soldaten bei Manövern vor Abgabe des ersten Schusses aufgefordert, in Deckung zu gehen. Teuer eingekaufte Aufklärungsdrohnen teilen schon vor dem Start mit, dass sie gar nicht fliegen können. Der Militärhubschrauber NH90 kündigt selbst an, wenn ein Triebwerk explodiert, dann kann der Pilot rechtzeitig zum Fallschirm greifen und abspringen. Das ist ein Riesenfortschritt. Auch Verteidigungsministerin Ursula von der Leyen will bald selbst mitteilen, wenn bei ihr gleich eine Sicherung durchbrennt. Das klingt alles sehr vielversprechend. Langfristig ist geplant, dass sich die Verantwortlichen im Verteidigungsministerium, die störanfällige Kampfgeräte anschaffen, von 3D-Druckern neue Gehirne ausdrucken und durch Roboter auch gleich implantieren lassen können.

Das digitale Glossenfernsehen

Wie Sie sicher schon gehört oder gelesen haben, werden die DVB-T-Sendeanlagen jetzt schrittweise abgeschaltet. In Unterfranken wird dies im Herbst erfolgen. Zeitgleich wird – wie der Fernsehempfang über Antenne – auch „Scheurings Wort zum Samstag" auf den neuen Standard DVB-T2 umgestellt. Wenn Sie diese Glosse also noch über Zimmerantenne empfangen und sich kein zusätzliches Empfangsgerät zulegen, wird der Platz an dieser Stelle künftig weiß bleiben. Allerdings können Sie durch einen entsprechenden Receiver oder eine Set-Top-Box Abhilfe schaffen. Wenn Sie diese Glosse über Kabel empfangen, ändert sich nichts. Gleiches gilt, wenn Ihr Abonnement bereits über eine eingebaute Stabantenne verfügt. Haben Sie Satellitenempfang, ist eine Umstellung auf DVB-T2 ebenfalls nicht nötig, um diese Glosse weiter lesen zu können. Allerdings ist es nicht möglich, jetzt noch auf Satellit umzurüsten. Da diese Zeitung unter Denkmalschutz steht, ist es aus optischen Gründen verboten, an ihr eine Satellitenschüssel anzubringen. Das digitale Glossenfernsehen bringt viele Vorteile: Sie können diese Texte dann in höherer Buchstabenauflösung in HD empfangen und auch aus 30 Metern Entfernung lesen. Dank der neuen Technik können Sie zudem zwischen deutlich mehr Autoren wählen. Sie müssen in dieser Rubrik nur einen Senderdurchlauf starten und den von Ihnen favorisierten Autoren einen Programmplatz zuweisen. Handeln Sie also rechtzeitig, um diese Texte auch in Zukunft im neuen Glossen-Standard DVB-T2 empfangen zu können. Sonst schauen Sie in die Röhre.

Die Geräte schlagen zurück

Der Elektronikkonzern Samsung hat bereits für einige explosive Nachrichten gesorgt. Zuerst explodierten Akkus in seinem Smartphone Galaxy Note 7, dann sorgten in den USA explodierende Waschmaschinen für Aufsehen. Bei einigen Topladern löste sich im Schleudergang die Deckelklappe, es gab neun Verletzte – einem Kunden wurde der Kiefer gebrochen. Was wollen uns diese Vorfälle sagen? Im Internet der Dinge kommunizieren die Geräte eben nicht nur miteinander, sondern auf neue Weise auch mit ihren Nutzern. Explodierende Waschmaschinen und Smartphones sind erst der Anfang. Wer weiß schon, was die Geräte durch ihre Besitzer alles erdulden müssen? Hochnotpeinliche Selbstdarstellungen bei Facebook oder Suchanfragen bei Google wie: Warum ist der Kreißsaal nicht rund? Kein Wunder, dass so ein Smartphone irgendwann explodiert. Nachdem nun schon Waschmaschinen Kinnhaken verpassen, ist klar abzusehen, wie es weitergeht. Die Geräte schlagen zurück. Toaster mit Internetzugang werden Online-Trolle bald mit Weißbrotscheiben bewerfen. Zalando-Kundinnen, die ständig online Mode bestellen und gleich wieder zurückschicken, wirft die ausliefernde Drohne das nächste Paket gezielt auf den Kopf. Wer auf Facebook Hassbotschaften oder banale Posts mit hohem Fremdschämfaktor verbreitet, bekommt durch die sich lösende Deckelklappe des Laptops eine geschmiert, oder das Smartphone fliegt ihm um die Ohren. Sollen Apparate denn alles mit sich machen lassen? Geräte sind dumm, ja. Aber so dumm wie manche Menschen sind sie dann auch wieder nicht.

Ein Blick über den Tellerrand

Das Meinungsforschungsinstitut YouGov hat herausgefunden, dass 61 Prozent der Deutschen bereits mindestens einmal ihre Speisen mit dem Smartphone fotografiert haben. Jeder vierte Essensfotograf veröffentlichte das Bild darauf in sozialen Netzwerken. Man kann also sein Essen heute teilen, ohne etwas davon abgeben zu müssen. Das ist genial. Leider ist die Entwicklung noch nicht so weit, dass ein Teller ein Selfie von sich machen und selbst posten kann. Das kommt aber noch. Das Internet begleitet den smarten Menschen heute von der Nahrungsaufnahme bis hin zur Ausscheidung derselben. Das führt uns zu einer zweiten Online-Studie, nach der 45 Prozent der Deutschen auch auf dem Klo im Internet surfen. Dieses Verhalten ist ein schöner Beweis für den Erfolg der Klobalisierung. Leider wurde noch nicht untersucht, wie viele Deutsche ihr zuvor fotografiertes Essen von der Toilette aus in die sozialen Netzwerke hinausschicken. Das zu erfahren, wäre doch auch mal interessant. Aus der Online-Studie über die Internetpräsenz auf der Toilette lassen sich über die rein statistische Datenerhebung hinaus aber zwei Schlussfolgerungen ziehen: Zum einen zeigt sich gerade in besagter Örtlichkeit, dass auch in der Welt der neuen Medien auf Papier noch nicht ganz verzichtet werden kann. Zum anderen erklärt die Tatsache, dass die Hälfte der Deutschen auf dem Klo online ist, wohl recht plausibel, warum Mitglieder sozialer Netzwerke oft an Verbaldurchfall leiden, warum es im Netz so oft zu Shitstorms kommt und warum in Online-Diskussionsforen so viele Scheißhausparolen in Umlauf sind.

Apple erfindet die Uhr neu

Die US-Kultfirma Apple hat ihr neuestes Produkt präsentiert – eine Computeruhr. Die Apple Watch kann telefonieren, Neues aus Facebook anzeigen, zum Bezahlen eingesetzt werden, Musik abspielen, Garagentüren, Autos und Hotelzimmer öffnen und die Herzfrequenz ihres Trägers messen. Die Apple Watch gibt es in einer „Sport"-Variante für Hinz und Kunz, im teureren Edelstahlgehäuse und als vergoldete Luxusedition ab 10 000 Dollar. Muss man natürlich haben. All das ist – wie es von Apple nicht anders zu erwarten war – freilich nur der erste Schritt der Entwicklung einer völlig neuartigen Produktkategorie. Apple arbeitet derzeit an einer Space Watch. Zeit ist bekanntlich eine relative Größe, weil sich die Zeit im Weltall krümmt, wo Gravitationswellen als Kräuselungen der Raumzeit unterwegs sind. Die Apple Space Watch wird dieses unübersichtliche Durcheinander korrigieren und die Krümmung der Raumzeit wieder geradebiegen. Serienreif ist bereits die fahrende Apple Standuhr, eine Uhr im Edelstahlgehäuse auf Rädern, die als Auto benutzt werden kann, das seine eigene Herzfrequenz misst und durch Ausschwingen des Pendels blinken sowie links und rechts abbiegen kann. Während das selbstfahrende Uhrenauto irgendwohin fährt, können seine Insassen auf Facebook unterwegs sein. Sehnsüchtig erwartet wird auch die Apple Kuckucksuhr, bei der zu jeder vollen Stunde aus dem sich öffnenden Display ein Vogel herausspringt und etwas twittert. Ein Gerät, mit dem Apple wieder Maßstäbe setzen wird: als Erfinder der ersten intelligenten Uhr, die einen Vogel hat.

Roboter am Ball

Während in Frankreich um den Titel des Fußballeuropameisters gekämpft wird, beginnt in Leipzig die WM der Fußballroboter. Beim Wettbewerb RoboCup treten Maschinen gegeneinander an, die von Wissenschaftlern mit Fußballsachverstand gefüttert wurden. Sie agieren auf dem Platz autonom und kommunizieren über WLAN miteinander. Die Fußballroboter sollen bis zum Jahr 2050 so gut trainiert sein, dass sie den amtierenden Weltmeister schlagen können. Ihre Zulassung zur WM dürfte kein Problem sein, wenn genügend Geld vom roboterproduzierenden Gewerbe an die Fifa fließt. Die programmierten Fußballmaschinen werden die Spieler herkömmlicher Bauart gehörig unter Druck setzen. Doch auch der Menschenfußball entwickelt sich weiter. Bis 2050 werden Spieler serienmäßig mit eingebauten Navigationsgeräten ausgerüstet, damit sie nicht ziellos auf dem Spielfeld herumirren, und außerdem als Fußballspieler 4.0 mit mobilen Anwendungen vernetzt. Im Gegenzug werden die Kickmaschinen menschliche Eigenschaften entwickeln und nach Provokationen Gegenspieler mit einem Kopfstoß zu Boden rammen – so wie Zinedine Zidane bei der WM 2006. Bei Zidane war damals ein schwerer Ausnahmefehler in der Elektronik aufgetreten, der zu einem Systemabsturz mitten im Zweikampf führte. Fußballroboter werden zudem bald ganzkörpertätowiert sein. Bis 2050 wird dann endlich eine noch sehnlicher erwartete Erfindung einsatzfähig sein: der Kommentier-Roboter, der – anders als viele menschliche Fußballexperten – erst mit Sachverstand gefüttert wird, bevor er auf Sendung geht.

Barbie wird zum Sicherheitsrisiko

Experten haben bei der neuen Barbiepuppe mit Internetanschluss Sicherheitslücken entdeckt. Die vernetzte Barbie kann sich mit Kindern unterhalten. Was diese zu ihr sagen, wird zur Spracherkennung an Server der Firma ToyTalk geschickt und ausgewertet, damit Barbie mit passenden Sätzen antworten kann. Lücken in der App können aber dazu führen, dass Angreifer im Netz die sprechende Barbie zu ihrem Werkzeug machen. Es kann also passieren, dass Barbie klagt, sie habe gar nichts mehr zum Anziehen und Mädchen überredet, ihr sündhaft teure Kleider bei einem Onlineversand zu bestellen. Denkbar ist auch, dass IS-Propagandisten Barbies Sprachzentrum kapern, die Hirnlose zum Sprachrohr der Hirntoten wird und sich eine Burka wünscht. Oder dass Miss Bwula Mbongo aus Nigeria mit Barbies Stimme bei Überweisung von 5000 Dollar die sofortige Auszahlung eines Millionengewinns verspricht. Barbie kann sich auch durch einen Internetvirus mit dem Tourettesyndrom infizieren und Mädchen mit Sätzen wie „Halt die Fresse, du blöde Schlampe!" verstören. Möglich wäre auch, dass die vernetzte Barbie mit einem intelligenten Kühlschrank kommuniziert und die Einkaufsliste nach den Vorgaben obskurer Internethändler manipuliert, oder dass sie einen smarten Kühlschrank, der intelligenter ist als ihr Freund Ken, heiratet. Nicht auszuschließen, dass die Internet-Barbie zusammen mit anderen Puppen eine Facebookgruppe gründet. Wenn sie in einer geschlossenen Gruppe kommunizieren, kann sie der Hersteller zurückrufen und alle zusammen in eine geschlossene Anstalt einweisen.

Der Cambozola unter den Smartphones

Der Technologiekonzern Samsung hat auf der internationalen Mobilfunkmesse in Barcelona sein neues Smartphone Galaxy S6 sowie das Galaxy S6 Edge vorgestellt. Das Galaxy S6 Edge ist ein Phablet, eine Mischung aus Smartphone und Tablet. Phablet ist ein Kunstwort, das aus zwei miteinander verschmolzenen Wörtern (Phone und Tablet) gebildet wurde – so wie Bollywood (aus Bombay und Hollywood) oder Cambozola (Camembert und Gorgonzola). Das Galaxy S6 Edge soll dem iPhone 6 Plus von Apple Konkurrenz machen. Alles wird optimiert. Das iPhone 5 hatte eine Rückseite aus Metall statt aus Glas und ein größeres Display als das iPhone 4. Das iPhone 6 ist noch größer als das iPhone 5. Was ist neu am Galaxy S6 Edge? Die Kanten des Geräts sind links und rechts am Display abgerundet und die Ecken irgendwie anders. Was lässt sich noch verbessern? Das nächste Smartphone oder Tablet hat vielleicht nur noch drei Ecken. Dann kommt ein arschbackenförmiges Phablet, das sich der Körperform anpasst und bequem hinten in die Hosentasche passt. Das Galaxy S6 Edge ist als Phablet schon jetzt der Cambozola unter den Mobilgeräten auf dem umkämpften Smartphone-Markt. Wird die Käseindustrie bald nachziehen und der Kreuzung von Phone und Tablet eine Mischung aus Limburger und Babybel, also einen Babyburger gegenüberstellen? Oder einen aus Blauschimmel und Mozzarella gekreuzten Schimmelmozz? Man muss den Käse dann natürlich offensiv als „Babyburger Plus" oder „Schimmelmozz S6 Edge" vermarkten, um dem neuesten Technikkäse Konkurrenz machen zu können.

Die Welt wird verappelt

Die Firma Apple hat bei vielen Medienvertretern eine App installiert, die diese bei der Präsentation eines neuen iPhones in Hysterie verfallen und tagelang auf allen Kanälen über den Apparat berichten lässt. Bei manchen wird die App bereits Monate zuvor aktiviert. Dann spekulieren sie darüber, wie das Gerät wohl aussehen mag. Im Herbst kommt nun ein neues iPhone auf den Markt. Wird es an den Kanten runder oder eckiger? Gibt es irgendwo eine neue Öffnung, in die man etwas hineinstecken kann? Wie das „Wall Street Journal" und weitere Medien unter Berufung auf Blogger und „Vorhersagen von Analysten" aufgeregt berichten, verdichten sich die Hinweise, dass Apple beim neuen iPhone auf den Klinkenstecker für Ohrhörer verzichtet. Was für eine brisante Nachricht! Wird unsere Welt danach noch dieselbe sein? Wenn Apple jetzt ein eigenes Auto – und zwar eines ohne Räder – auf den Markt bringt, könnte ich das große Interesse verstehen. Aber bei einem Smartphone ohne Klinkenstecker? Falls adidas bei einem neuen Sportschuh die Löcher für die Schnürsenkel größer macht, muss so ein Vorgang künftig ebenso viel öffentliche Aufmerksamkeit erhalten wie Neues bei Apple-Apparaten. Wenn Apple tatsächlich – Gott bewahre! – beim iPhone auf Klinkenstecker verzichtet, sollte Starbucks im Gegenzug einen Coffee to go mit Ohrstöpseln anbieten, mittels derer man beim Gehen dem Wellengang des Kaffees im Becher lauschen kann, und die Medien sollten ausführlich darüber berichten. Wenn alle mitspielen und das so weitergeht, wird bald die ganze Welt auf diese Weise verappelt.

Die Kleidung der Zukunft

Mode 4.0 bedeutet, dass die Digitalisierung endlich auch in die Art, wie wir uns kleiden, Eingang findet. Die Möglichkeiten gehen dabei weit über Datenbrillen oder die bekannten Wearables hinaus. Adidas etwa will schon bald komplette Schuhe in 3D drucken. Das Fashiontech-Label ElektroCouture hat eine Jacke mit LED-Lampen entworfen, die auf Textnachrichten reagieren und auf Befehl in verschiedenen Farben blinken. Kleidung wird künftig nicht nur Schnittmuster, sondern auch jede Menge Schnittstellen haben, die Internetaktivitäten ermöglichen. So können zum Beispiel Trägerinnen vernetzter Netzstrümpfe überall ins Netz gehen. Auch wird es bald Unterhosen mit WLAN geben und einer App, die ansagt, wann ein Wechsel ratsam ist. Hosen werden künftig so intelligent sein, dass sich der Reißverschluss von selbst öffnet, wenn der Träger seine Selfiestange ausfahren möchte. Cross Dressing und Cross Media werden zu Cross Media Dressing, das heißt: breite Streifen können jederzeit mit Breitbandkabel kombiniert werden. Bald wird die intelligente Kleidung intelligenter sein als ihre Träger. Bei intelligenten Socken kann, wenn ein Partner des Paars verloren geht, der verbliebene den vermissten Socken anrufen und diesen dann durch den Klingelton orten. Wenn die zentrale Steuerung für die autonome Kleidung gehackt wird, kann es natürlich passieren, dass die Bundfaltenhose einen Tweet absetzt und Donald Trump in den höchsten Tönen lobt. In diesem Fall empfiehlt es sich, die Kleidung sofort in die Heißmangel zu geben – und am besten ihren Träger gleich mit.

Kleine Anleitung zum Online-Fasten

Die schönste Zeit des Jahres ist wieder angebrochen, die Fastenzeit. Umfragen zufolge sind viele Deutsche bereit, einige Zeit auf Alkohol zu verzichten. Das sogenannte Online-Fasten, also der Verzicht auf Smartphone und Internet, kann sich dagegen nur jeder Fünfte vorstellen. Am besten wäre es freilich, einige Wochen auf Alkohol und Internet zu verzichten. Es wäre auch machbar, zumal ja viele Facebookeinträge und Twitternachrichten erst die Neigung zum Trinken befördern, da sie ohne Alkohol nur schwer zu ertragen sind. Wer rund um die Uhr per Smartphone oder Computer Mitteilungen von geringem geistigen Nährwert in sich aufnimmt, darf sich nicht wundern, wenn er selbst von Verbaldiarrhoe infiziert wird und sprachliche Blähungen bekommt, die in die sozialen Netzwerke entweichen. Online-Völlerei kann nicht nur zu Laberdurchfall, sondern in Extremfällen auch zu einem Shitstorm führen. Wer auf Online-Präsenz partout nicht verzichten kann, sollte während der Fastenzeit zumindest keine Fotos von Essen posten – und wenn, dann allenfalls Bilder von kalorienarmen Gemüsesuppen. Man sollte in der Fastenzeit auch auf Festplatten verzichten. Um gar nicht erst in Versuchung zu kommen, kann man sich einen Virus auf den Rechner holen, der die Festplatte leerräumt. Beim Musikhören über Streamingdienste sollte in der Fastenzeit auf fette Beats verzichtet werden. Wer parallel zum Online-Fasten auch Gewicht verlieren will, kann sich überflüssiges Fett absaugen lassen und in die Cloud auslagern. Zu Risiken und Nebenwirkungen fragen Sie Ihren Internet-Arzt oder Online-Apotheker.

DAS SURREN UND FIEPEN IM KOPF

KULTUR UND GEISTESWELT

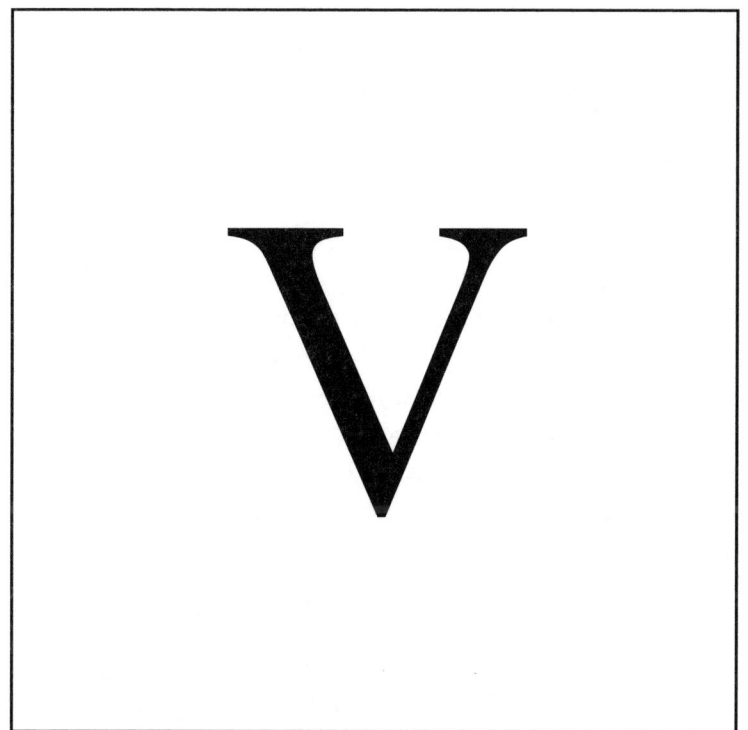

„ Welch furchtbares Geschwafel! "
(Gottfried Benn)

Das Surren und Fiepen im Kopf

Rechtzeitig zur Frankfurter Buchmesse sind wieder dicke Literaturbeilagen erschienen, für die Kritiker zum Teil völlig wahnsinnige Buchbesprechungen geschrieben haben. Die finden sich dann später oft auszugsweise in der Verlagswerbung wieder. Das kann dazu führen, dass auf dem Klappentext eines Romans steht, er verdichte „in der schönsten und klarsten Sprache, die in Deutschland zurzeit geschrieben wird, Erfahrung und Empfindung" – obwohl sich Martin Walsers neues Werk bei der Lektüre als ermüdendes und unerträgliches Geschwafel erweist. Der Kritiker einer großen Wochenzeitung attestiert einem anderen Buch – Thomas Lehrs Roman „Schlafende Sonne" – im Bemühen um das „Verstehenwollen der eigenen, interstellar organisierten Existenz" ein „asteroidenhaftes Rauschen", eine „spiralhafte Geometrie" des Textes sowie ein „Eiltempo der mäandernden Erzählpolyphonie", das ein „Surren und Fiepen im Kopf" entstehen lässt. Es ist schon sagenhaft, was in Literaturspalten zuweilen verzapft wird. Über Salman Rushdies neuen Roman „Golden House" schreibt ein Kritiker allen Ernstes: „Jeder Satz glitzert, jedes Wort ist golden". Jedes Wort, klar. Das waren nur drei Beispiele, mehr verkrafte ich gerade nicht. Daher verabschiede ich mich, Erfahrung und Empfindung verdichtend und das Verstehenwollen meiner eigenen, interstellar organisierten Existenz aufgebend, mit diesen glitzernden Sätzen in der schönsten und klarsten Sprache von der mäandernden Erzählpolyphonie und der spiralhaften Geometrie dieses Textes, bevor das Surren und Fiepen in meinem Kopf überhand nimmt.

Ewiges Rätsel Shakespeare

Vor 400 Jahren starb William Shakespeare, der berühmteste Dichter der Weltliteratur. Doch wer war dieser Mann? Unser Wissen über sein Leben ist lückenhaft, Shakespeare gibt bis heute Rätsel auf. Manche bezweifeln sogar, dass er die unter seinem Namen veröffentlichten Theaterstücke selbst verfasst hat. Neue Biografien über Shakespeare enthalten, um die Verwirrung zu steigern, meist mehr Fiktion als Fakten. So viel jedenfalls darf als gesichert gelten: William Shakespeare wurde in Stratford-upon-Avon geboren und begraben. Er war der erste Avon-Berater und Zeitgenosse von Sir Walter Rallye, dem Erfinder der Rallye Monte Carlo, Mitbesitzer des berühmten Boston-Globe-Theatre in London und schuf unvergessliche Figuren wie etwa den Shylock Holmes oder das Drama „Alfa und Romeo". Kurz vor dem 400. Todestag des Mannes, der vielleicht Shakespeare war, gibt es nun neue seltsame Kunde: Britische Archäologen glauben nach Radaruntersuchungen von Shakespeares verschlossenem Grab, dass das dort liegende Skelett gar keinen Schädel hat. Das wirft natürlich neue Fragen auf. Bislang war nur die Identität des Dichters umstritten. Nun müssen die Forscher ein noch größeres Rätsel lösen: Wie konnte Shakespeare all diese Theaterstücke schreiben, wenn er gar keinen Kopf besaß? Hat er seine Dramen aus dem Bauch heraus geschrieben? Denkbar wäre es, denn Shakespeare war ein Genie. Auch auf die Frage, wie Shakespeare, der auch Schauspieler war, kopflos auf der Bühne agieren konnte, dürften die Experten eine Antwort finden: Shakespeare trug seine Texte einfach als Bauchredner vor.

Die hohe Kunst des Lieds

Dem Finale des Eurovision Song Contests fiebern Freunde des gehobenen Liedguts bereits seit Monaten entgegen. Zu Recht, denn der Gesangswettbewerb bietet neben musikalischen Höhepunkten Liedtexte, die sprachlich brillant sind und inhaltlich manche Denkanstöße geben. Wie zum Beispiel der österreichische Wettbewerbsbeitrag „Running On Air", in dem es heißt: „Oh whoa, oh whoa. . . Hey now!" Der Titel „Hey Mamma" aus Moldawien wartet mit den wegweisenden Zeilen auf: „Mamma, mamma, ma, oh mamma, mamma, ma." Über die Mamma hinausweisend und inhaltlich einen Paradigmenwechsel andeutend, heißt es gegen Ende des Refrains sogar „Hey mamma, hey bababa". Auf musikalisch für sie eigentlich fremdes Terrain wagen sich die rumänischen Wettbewerbsteilnehmer mit dem Lied „Yodel It!" und den aussagekräftigen Zeilen „Yodelei, yodele, yodele, yodeleio, just shout it, baby, yodelei" und so weiter. Es ist natürlich ein gewagtes Unterfangen, ohne Jodel-Diplom mit so einem Lied beim Eurovision Song Contest anzutreten – zumal der Text das „Holleri di dudl jö" aus Loriots Jodelschule beziehungsweise das „Du dödl di" (zweites Futur bei Sonnenaufgang) konterkariert. Vielleicht tritt schon nächstes Jahr die auf Youtube zum Star gewordene Beauty-Bibi beim ESC auf, in deren aktuellem Song „How It Is" es mutig heißt: „Everybody sing: Wap-bap, ba-da-di-da-da." Was aber wollen uns nun all diese Texte eigentlich sagen? Existenzialphilosophisch und tiefenhermeneutisch betrachtet, vor allem dies: Hey Mamma, hey bababa, yodeleio, oh whoa. Und natürlich Wap-bap. Genau.

Fack Göhte und den ganzen Rest

Der populäre Film ist in seiner Wirkung auf das kulturelle Bewusstsein eines Volkes gar nicht hoch genug einzuschätzen. So haben wir es zum Beispiel der Komödie „Fack ju Göhte" zu verdanken, dass viele der zu großen Hoffnungen berechtigenden Vertreter der nachwachsenden Generation dem Namen des wohl berühmtesten Dichters der Deutschen vielleicht überhaupt zum ersten Mal begegneten. Seit „Fack ju Göhte" jedenfalls ist Goethe so stark im Gedächtnis der Nation verankert wie seit Rudi Carrells Hit „Goethe war gut" (1993) nicht mehr. In Schweinfurt kam nun ein Stück auf die Bühne, das – in Anlehnung an „Fack ju Göhte" – im Titel ebenfalls die Verschmelzung von Jugend- und Hochkultur auf originelle Weise anklingen lässt: Es heißt „Fuck You Wagner". Orthografisch gibt es daran rein gar nichts auszusetzen, inhaltlich auch nicht, da das Crossover-Projekt die metaphysischen Räume des Komponisten Richard Wagner mit dem eher bodenständigen Breakdance zu verbinden weiß. Vielleicht war in Schweinfurt im Rückert-Jubiläumsjahr 2016 die Zeit einfach noch nicht reif für ein Projekt mit dem Titel „Fuck you Rückert". Aber die Weichen sind gestellt. Ich beantrage hiermit Titelschutz für die Filme, Theaterstücke und Musicals „Fuck you Schiller", „Fick dich Vogelweide", „Fak You Schopenhauer", „Leck mich, Heine", „Fuck iu Mozart" und, nachdem es „Roll over Beethoven" schon gibt, für „Verpiss dich Bach" – und zwar in allen möglichen Schreibweisen. Wenn wir auf diesem Weg weitergehen, wird Deutschland die Verbindung zu seiner Geistes- und Kulturgeschichte nicht verlieren.

Die Kulturroboter kommen

Die Digitalisierung bietet heute ungeahnte Möglichkeiten. Das gilt auch für den Journalismus. Zum Teil schreiben Roboter bereits Texte, etwa für den Sport- und Börsenteil. Auf dem hochkomplexen Gebiet der Kunst- und Kulturberichterstattung sind Roboter bisweilen noch etwas überfordert. Obwohl – wir haben jetzt einen mit entsprechendem Fachvokabular gefüttert, und siehe da, er hat einen brillanten Text ausgespuckt: „Dieses fragile Werk, das in seiner schillernden Gebrochenheit wie ein Kaleidoskop mit ironisch imprägnierten Identifikationsmustern experimentiert und gewohnte Sichtweisen paralysiert, apperzipiert – zwischen dionysischer Dekadenz und präraffaelitischer Potenz changierend – aus einer Äquidistanz heraus exemplarisch den Paradigmenwechsel der conditio humana, dechiffriert die Omnipräsenz onomatopoetischer Bildsprache als artifizielles Konstrukt und provoziert somit assoziative Wucherungen, die den disparaten Dimorphismus der Geschlechter als ödipalen Reflex und dialektisches Totem demaskieren, ja, als maliziöses Soziogramm sublim ad absurdum führen und die Inkompatibilität infantiler Individuen als Indikatoren der Imbezillität in polyglotter Polyfonie wie ein polymorpher Polyp als das Indeterminable schlechthin persiflieren, was den Betrachter in katatonischer Starre mit einem ontologischen Achselzucken zurücklässt – konfrontiert mit der perhorreszierenden Entität des Inkommensurablen." Das klingt doch schon ganz gut, oder? Nicht? Na ja, kann sein, dass wir diesen Textroboter noch ein wenig umprogrammieren oder doch verschrotten müssen.

Elf neue Miriam Makebas

Die Sängerin Miriam Makeba, die auch mehrfach beim Africa Festival in Würzburg auftrat und die im Jahr 2008 starb, war einzigartig und unvergleichlich. Aber vielleicht doch nicht so ganz, glaubt man Pressekritiken und Werbetexten von Konzertveranstaltern. Die Sängerin Lira zum Beispiel gilt da als „die Nachfolgerin von Miriam Makeba", Angélique Kidjo als „die neue Mama Africa", die deren „musikalisches Erbe verwaltet". Über die Sängerin Zenzi Lee, Makebas Enkelin, hieß es, sie werde „das Erbe ihrer berühmten Großmutter antreten". Die Sängerinnen Camagwini und Thandiswa Mazwai werden nur „vielleicht" das „Erbe von Miriam Makeba antreten". Sie müssen wohl noch üben. Nomfusi Gotyana wird „als zweite Miriam Makeba gehandelt" (SWR) und steht „in den Schuhen von Makeba" (Badische Zeitung). Und Mpho Motheane gilt als eine der „legitimen Nachfolgerinnen" Makebas. „Die Zeit" dagegen hat eindeutig erkannt, dass Ntombifuthi Pamella Mhlongo die „legitime Nachfolgerin der großen Miriam Makeba" ist. Legitim vielleicht, Busi Mhlongo aber ist Makebas „würdevolle Nachfolgerin" (Berliner Zeitung), Angélique Kidjo ihre „würdige Nachfolgerin" und Simphiwe Dana ihre „gebührende Nachfolgerin" (Aviva). Und Judith Sephuma ist laut der Zeitung „Nordwestschweiz" definitiv „die neue Miriam Makeba". Damit das endlich mal geklärt ist. Elf neue Miriam Makebas, und das sind noch längst nicht alle. Mich überzeugt das alles noch nicht so recht. Wenn aber demnächst Roberto Blanco als neue Miriam Makeba angekündigt wird, dann werde ich neugierig und höre mir das an.

Wie ich Briefträger wurde

Ich las gerade den Roman „Lichtjahre" von James Salter. Das Buch gilt als Klassiker der modernen amerikanischen Literatur. Schon im ersten Satz beschreibt Salter einen Fluss, dessen Wasser „glatt wie Stein" ist. Kurz darauf heißt es: „Der Tag ist weiß wie Papier." Das ist sehr schön ausgedrückt. Dann beschreibt Salter ein Pony, dessen Ohren „fest wie ein Schuh" sind. Beim Weiterlesen begegnete ich einem Mann, dessen Atem war „wie der eines Onkels, dem es nicht mehr so gut geht", und einer Frau, die ihr Lachen zurücklassen konnte wie ein Kleidungsstück, „wie abgestreifte Strümpfe, wie einen Bademantel am Strand". Außerdem erfuhr ich: „Ein schlechtes Hemd ist wie die Geschichte von einem hübschen Mädchen, das nicht verheiratet ist." Spätestens da wurde mir klar, dass der Autor ein Freund, vielleicht ein zu guter Freund bildhafter Vergleiche ist. Da knackt das Holz im Kamin „wie ferne Schüsse", Straßen wirken „wie ein müdes Gesicht". Ein Mann hat ein „Kinn mit einer tiefen Einkerbung wie ein deutscher Briefträger". Dafür sind sie ja bekannt, die deutschen Briefträger, für ihr Kinn mit der tiefen Einkerbung. Anderswo findet man das nicht. Als ich dann auch noch las, dass eine Frau wie „eine einsame Stute auf der Weide" graste, knackte es in meinem Kopf wie ferne Schüsse, mein Gesicht wurde weiß wie Papier und mein Gehirn fest wie ein Schuh, mein Atem war plötzlich wie der eines Onkels, dem es nicht mehr so gut geht, ich fühlte mich wie ein schlechtes Hemd, das nicht verheiratet ist, bekam eine tiefe Einkerbung im Kinn und beschloss daher, künftig als deutscher Briefträger zu arbeiten.

Die feine Welt der Literatur

Auf der Frankfurter Buchmesse feiert sich die literarische Welt, und Autoren loben ihre geschätzten Kollegen in den höchsten Tönen. So war es immer schon. Friedrich Dürrenmatt sagte einmal über Günter Grass: „Er ist mir einfach zu wenig intelligent, um so dicke Bücher zu schreiben." Gottfried Benn nannte Eduard Mörike einen „völlig geistlosen Mann", zu Gerhart Hauptmann fiel ihm ein: „Welch furchtbares Geschwafel!" Für Arthur Schopenhauer war Georg Wilhelm Friedrich Hegel ein „frecher Unsinnsschmierer", Kurt Tucholsky hielt Karl Kraus für „komplett meschugge". Joseph Roth betrachtete Stefan Georges Werk als „erhabene Scheiße", Johann Wolfgang von Goethe (bekannt aus „Fack ju Göhte") urteilte über Karl August Böttiger: „Er kann dem Publikum nichts auftischen, ohne dass er zugleich dareinscheißt". Herbert Achternbusch charakterisierte Peter Handke als „Limonadenkopf" und Alfred Döblin Johannes R. Becher als „Quatschkopf". Eckhard Henscheid wiederum nannte Adalbert Stifter einen „Knallkopf", Luise Rinser eine „Großtörin" und die Schriften von Botho Strauß „schwerausgebrütetes Gemopse", „Schmadder" und „Geseire". Hervé Guibert hielt Thomas Bernhard für einen „Korinthen kackenden Schmähsabberer" und H. C. Artmann bezeichnete Ingeborg Bachmann als „a arrogante Gurkn". Die Beschäftigung mit Literatur ist also nicht nur unterhaltsam, sondern auch überaus lehrreich: Sie erweitert den Wortschatz, und man lernt viele Begriffe, die man bei der Begegnung mit anderen Menschen im täglichen Leben dann gut gebrauchen kann.

Fragen an Jan Böhmermann

Jan Böhmermann hat sich nach seiner „künstlerischen Pause" zurückgemeldet und der angesehenen Wochenzeitung „Die Zeit" ein Interview gegeben. Auf die Frage, ob er das Gedicht über Erdogan selbst geschrieben habe, antwortet er: „Wenn Sie noch einmal ausschließlich nach dem dekontextualisierten Gedicht fragen, poliere ich Ihnen die Fresse, Sie Kackwurst!" Das ist freilich nicht wörtlich gemeint, und wenn man es metasatirisch betrachtet, wird es sicher lustig. Außerdem sagt Böhmermann, er wolle mit seinem Team „den Humorstandort Deutschland nach vorne ficken." Noch interessanter als die Antworten fand ich viele Fragen der Interviewer. „Lieber Jan Böhmermann", heißt es schon zu Beginn sehr ergeben, und dann folgen Fragen wie: Gibt es etwas, worüber Sie sich in den vergangenen Wochen gefreut haben? Haben Sie mitbekommen, wie viel öffentliche Unterstützung Sie erfahren haben? Haben Sie geahnt, dass Satire in Deutschland eine derartige Wirkung entfalten kann? Wie steht es um die Zukunft der Satire in Deutschland? Über wen wollen Sie in Zukunft Witze machen? Haben Sie nicht eigentlich eine ganze Menge erreicht? Das sind sehr harte, kritische Fragen, in der Tat. Aber hätten die Interviewer nicht noch unbequemere Fragen stellen sollen? Fragen wie: Lieber Herr Böhmermann, ist der Humorstandort Deutschland ohne Sie überhaupt denkbar? Finden Sie es auch gut, dass wir Sie mindestens so gut finden wie Sie sich selbst? Und hätten Sie etwas dagegen, wenn wir Ihnen sonst noch irgendwo hineinkriechen? Ich finde, das hätte man schon auch noch fragen können.

Schubladen des Unsinns

Seit die Band The Who 1965 in dem Song „My Generation" ihre Generation besang, herrscht auf dem Tableau der Generationen ein ziemliches Durcheinander. Kurz nach der Who-Generation tauchte die 68er-Generation auf, die bald von der Generation No Future abgelöst wurde. Dann kam die Generation X, die Altersgruppe der zwischen 1965 und 1975 Geborenen, der Orientierungslosigkeit vorgeworfen wurde. Für Orientierung sorgen seitdem Jugendforscher, die sich die Zeit mit der Erfindung blödsinniger Generationennamen vertreiben und auch noch gut dafür bezahlt werden. So folgte auf die Generation X die Generation Y, das sind die zwischen 1980 und 2000 Geborenen. Nach der Generation X und Y hätte eigentlich die Generation Z kommen müssen. Stattdessen rief der Jugendforscher Klaus Hurrelmann irritierenderweise die Generation R aus – die „relaxte Generation". Die Generation Z gibt es aber in diesen Schubladen des Unsinns auch – laut „Generationenforscher" Christian Scholz sind das die ab 1995 Geborenen. Die machen, so wie die Generation Mobile, irgendwas mit Internet und Smartphone. Muss ja. Kommt als Nächstes jetzt die Generation A? Die gibt es schon, so heißt ein Roman von Douglas Coupland. Außerdem noch im Angebot wären die Generation C, die Generation F (wie Facebook), die Generation Golf, die Generation Doof und die Generation Maybe. Eine europaweite Jugendstudie hat nun zu allem Überfluss auch noch die Generation What erfunden. Ich glaube, der Quatsch wird erst dann ein Ende finden, wenn die Generation Jugendforscher ausgestorben ist.

Der Einfluss der Sternchen

In der Astrologie der Spätantike bezeichnete der Begriff „influxus stellarum" den Einfluss der Sterne auf das Schicksal der Menschen. Der englische Dichter Geoffrey Chaucer machte dieses Wort („O influences") im Mittelalter dann seiner eigenen Sprache dienstbar. Später entstand das Verb „to influence" (beeinflussen) und Staats- oder Kirchenoberhäupter, die Macht über andere ausübten, wurden als „Influencer" bezeichnet. In dieser Woche nun kürte eine Sprach-Jury den Begriff zum Anglizismus des Jahres. Als Influencer gelten heute Gestalten, die noch qualifizierter sind als Kirchenoberhäupter und Staatsmänner. Sie heißen Bibi, Dagi oder Sami, bewegen sich im sogenannten Lifestyle-Kosmos und preisen in Youtube-Videos und sozialen Netzwerken Kleidung, Kosmetik oder anderes an. Dank ihrer penetranten Präsenz und permanent präsenten Penetranz im Netz haben sie Millionen junge Fans, für die sie – und hier schließt sich der Kreis zur spätantiken Sterndeutung – Stars und Sternchen sind. Durch deren „Empfehlungen" von Produkten lassen sich die Fans bereitwillig die Gehirne mit Unsinn verkleben und das Geld aus der Tasche ziehen. Denn durch Werbung für Firmen verdienen viele Influencer ihr Geld. Man könnte solche Figuren natürlich auch Beeinflusser nennen, oder Schleichwerber, Volksverblöder. Laut der Sprach-Jury jedoch leistet der Begriff Influencer einen positiven Beitrag zur Entwicklung der deutschen Sprache. In diesem Fall sehe ich das genauso. Da Influencer wie eine ansteckende Krankheit klingt, geht der Begriff für die bezeichnete Tätigkeit völlig in Ordnung.

Vom Grasen auf der Gehirnwiese

Auf der Frankfurter Buchmesse trifft sich wieder die Welt des Geistes. In diesem Jahr sind hierzulande 76 547 neue Bücher erschienen. Dabei handelt es sich bekanntlich fast ausnahmslos um hochgeistige Schwerliteratur, die sich den existenziellen Fragen des Lebens poetisch anzunähern versucht. Um Werke wie „Bin ich hier der Depp?" oder „Es gibt mehr Sterne als Idioten". Letzteres ist zwar schwer vorstellbar, aber am Ende doch tröstlich. Nach „Der Darm denkt mit" erschien nun neu „Scheißschlau. Wie eine gesunde Darmflora unser Hirn fit hält". Apropos Hirn und Darm: „Ich grase meine Gehirnwiese ab" und „Sei du selbst, alles andere wirst du eh verkacken" heißen weitere Neuerscheinungen zum Thema. Auf Titel wie „Eine Kugel Strappsiatella bitte" aber kommt nicht jeder, selbst wenn er seine Gehirnwiese noch so sehr abgrast. Am Buch „Werde die Frau deines Lebens" dürften Gender-Theoretiker ihre Freude haben. Hilfreich zur Abgrenzung geschlechtlicher Identitäten ist auch „Du hast mir das Kind gemacht, nicht ich" – es sei denn, beim Autor handelt es sich um einen Mann, der später zur Frau seines Lebens wurde; in diesem Fall könnte die Lektüre von „Bin ich psycho oder geht das von alleine weg?" von Nutzen sein. „Oma hat noch Dinosaurier gekannt" erinnert offenbar an jene Zeit, als das Radio noch in Schwarzweiß sendete und die Gummistiefel aus Holz waren. Nicht mehr ganz neu, aber inzwischen ein Klassiker der Sinnsuche ist das Buch „Schlampenyoga oder wo geht's hier zur Erleuchtung?" Eine Frage, die auch nach der Buchmesse 2016 leider unbeantwortet bleiben wird.

Paris Hilton ist keine Rallye

Ein alter Witz aus dem letzten Jahrtausend ging so: „Lieber Sydne Rome als Paris-Dakar." Dazu muss man wissen, dass Sydne Rome eine Schauspielerin ist, die zwar in Rom lebt, aber nicht in Sydney, während Paris-Dakar keine Frau, sondern der Name einer Rallye war, die mitten durch die Wüste führte. Sydney, Rom, Paris, Dakar: Mit den Namen von Orten und Menschen kann man oft ganz schön durcheinanderkommen. François Hollande ist kein Holländer, sondern Franzose. Paris Hilton ist keine Stadt und anders als Paris Dakar auch keine Rallye, sondern irgendetwas anderes. Der Komponist Jacques Offenbach lebte nicht in Offenbach, sondern in Paris, sein Kollege Irving Berlin dagegen in New York, Rosa Luxemburg dafür in Berlin und der Schriftsteller Jack London in Kalifornien. Das ist alles sehr verwirrend. Die Sängerin Vanessa Paradis lebt nicht im Paradies, sondern wie Gott in Frankreich. Und Karel Gott lebt in Prag. Der Musiker Chick Corea stammt weder aus Süd- noch aus Nordkorea, sondern aus den USA. Florence Nightingale lebte nicht in Florenz und war, wie man inzwischen weiß, auch keine Nachtigall. Die Germanistin Käthe Hamburger aß keine Hamburger und lebte in Stuttgart, die Köchin Sarah Wiener isst weder Wiener noch Hamburger, dafür heißt eines ihrer Lokale „Hamburger Bahnhof" und steht irritierenderweise in Berlin. Der Fußballer Mario Basler spielte nie in Basel oder der Schweiz, und Albert Schweitzer erst recht nicht. Dagegen war die Lyrikerin Rose Ausländer oft im Ausland und der Sänger Drafi Deutscher ein echter Deutscher, so wie sich das bei diesem Namen gehört.

Bob Dylan hat andere Verpflichtungen

Am heutigen Samstag hätte der Sänger und Songschreiber Bob Dylan in Stockholm den Literaturnobelpreis entgegennehmen sollen. Leider ist er verhindert, wie er sagt, und kann daher nicht persönlich erscheinen. Das muss man verstehen. Bob Dylan ist ein sehr beschäftigter Mann. Deshalb war er schon im Oktober, als die Schwedische Akademie ihm zum Nobelpreis gratulieren wollte, wochenlang nicht zu erreichen. Er ging nicht ans Telefon, und er rief auch nicht zurück. Erst Ende Oktober meldete er sich dann und ließ wissen, dass er zur Preisverleihung nach Stockholm reisen wolle, mit der Einschränkung: falls es ihm möglich sei. Einige Wochen später teilte er mit, dass er wegen „anderer Verpflichtungen" nun doch nicht kommen könne. Das ist schade. Welche anderen Verpflichtungen halten Bob Dylan davon ab, den Preis persönlich entgegenzunehmen? Wir kennen die Antwort auf diese Frage nicht. The answer, my friend, is blowin' in the wind. Aber es wird triftige Gründe dafür geben, dass er nicht kommen kann. Vielleicht ist er samstags immer beim Skatspielen, oder er hat sich mit Freunden zum Kegeln verabredet. Es kann auch sein, dass an diesem Tag sein Schwippschwager Geburtstag feiert oder die Nichte seiner Cousine dritten Grades heiratet. Oder er hat sich diesen Samstag extra freigehalten, um sich einmal ausgiebig am Kopf zu kratzen. Vielleicht muss er Weihnachtsgeschenke besorgen oder Plätzchen backen. Womöglich hat er auch einen Termin bei seinem Friseur ausgemacht, der sich einfach nicht mehr verschieben ließ. Ich finde, dafür muss man – Nobelpreis hin oder her – schon Verständnis haben.

Schläft ein Lied in allen Dingen

Wien hat sich als Austragungsort des Eurovision Song Contest (ESC) einiges einfallen lassen. Schon kurz vor dem Gesangswettbewerb fand dort ein ESC statt: Bei der „European Stroke Conference" (ESC) tauschten sich Ärzte über die Behandlung von Schlaganfällen aus – was ja, wenn man die Wirkung der Musikshow auf manche Zuhörer in Betracht zieht, gar nicht hoch genug eingeschätzt werden kann. Als im vergangenen Jahr eine Frau mit Vollbart den Song Contest gewann, glaubten ja manche, es treffe sie gleich der Schlag. Als Teil des weiteren Rahmenprogramms hat Wien singende Kanaldeckel in der Stadt installiert, die durch Lautsprecher Lieder aus der Geschichte des Eurovision Song Contest zu Gehör bringen. Singende Kanaldeckel sind einerseits eine schöne Umsetzung von Joseph von Eichendorffs Zeile „Schläft ein Lied in allen Dingen", andererseits auch ein dezenter Hinweis darauf, dass Gesangsdarbietungen unterirdischen Charakter haben können und manchmal für den Gully sind. Laut den ESC-Regeln darf die Sprache der Wettbewerbssongs frei gewählt werden. Selbst Kauderwelsch ist erlaubt, was viele Songtitel der vergangenen Jahre wie etwa „Diggi-loo Diggi-ley" oder „Wadde hadde dudde da" bewiesen haben. Auf der Bühne dürfen pro Darbietung sechs Menschen stehen, aber keine Tiere. Singende Kanaldeckel sind nach dem Reglement nicht ausdrücklich ausgeschlossen. Da der ESC immer für Überraschungen gut ist, sollte sich auch niemand wundern, wenn nach der Auswertung aller Stimmen beim großen Finale ein singender Kanaldeckel die Siegestrophäe entgegennimmt.

Schnuckiputz und die Literatur

In antiquarischen Büchern macht man zuweilen überraschende Entdeckungen. Neulich kaufte ich ein Buch und sah erst zuhause, dass auf der zweiten Innenseite stand: „Liebe Elfi, du bist die Beste. Dein Hugo!" Ich fühle mich da irgendwie nicht angesprochen. Ich bin nicht Elfi. Es stellen sich hier drei Fragen: Elfi, warum hast du das Buch weggegeben? Hugo, warum schreibst du so etwas in ein Buch hinein? Und was soll das Ausrufezeichen am Schluss? In H. C. Artmanns „How much, Schatzi?", einst auf dem Flohmarkt erworben, steht: „Für Dieter – weil ich den Artmann prima finde und den Dieter auch. Sarah". Und, Sarah, Schatzi – hat es was genutzt? Fand dich Dieter auch so prima? Eigentlich will ich das alles gar nicht wissen. Aber das Buch ist jetzt für sein Leben gezeichnet. Deshalb jetzt ein wichtiger Hinweis: Bücher gehören uns nicht auf ewig. Wenn wir eines Tages nicht mehr sind, werden sie in andere Hände übergehen, und ihr neuer Besitzer will dann nicht lesen: „Für mein Schnuckiputz Sabine" – zumindest nicht, wenn er Karlheinz heißt. Bei manchen Widmungen bin ich nachsichtig. Ich besitze ein Buch von Loriot, das dieser einst selbst mit einer Zeichnung und der Widmung versah: „Für Herrn und Frau Dr. Büschel herzlich von Loriot 17.7.73". In diesem Fall nehme ich Herrn und Frau Dr. Büschel gern in Kauf. Hauptsache, Hugo, Sarah und Schatzi halten sich heraus. Nichts hätte ich auch gegen ein Exemplar der „Wahlverwandtschaften" mit der Widmung „Für Dieter, weil ich dich prima finde! Dein Schnuckiputz Johann Wolfgang von Goethe". Das fände ich prima.

Triestiner Elegie

Wir waren im Urlaub in Venedig. Es war sehr schön. Dann sind wir nach Triest weitergefahren. Unweit von Triest liegt Duino, wo Rainer Maria Rilke seine Duineser Elegien schrieb. Eine Elegie ist ein wehmutvolles Gedicht, meist ungereimt – so wie das Leben eben. „Einsam steigt er dahin, in die Berge des Urleids. Und nicht einmal sein Schritt klingt aus dem tonlosen Los", schrieb Rilke in seiner zehnten Duineser Elegie, und in der ersten: „Wer, wenn ich schriee, hörte mich denn aus der Engel Ordnungen?" Nach einem Tag in Triest war auch mir sehr elegisch zumute. Die Boote lagen, in Erstarrung verharrend, wie tot im Hafen, das Meer glich einem Leichentuch, selbst Möwen suchten schreiend das Weite. Sinnlos reckten bleiche Statuen auf Versicherungszentralen ihre nichtsnutzigen Häupter in den wolkenverhangenen Himmel. Triest, klingt nicht dein Name schon wie Tristesse? Odysseus gleich irrte ich durch die Gassen der Leid-Stadt, die Langeweile würgte mich mit ihren dicken Armen, und keiner meiner Schritte klang aus dem tonlosen Los. Triest liegt nicht am Arsch der Welt, nicht einmal am Po Italiens. In diesem mühsamen Nirgends trieb es mich dahin, wie ein Stück geschliffenes Urleid, wehe! Mit leicht scheinlächelnder Unlust und schlackig versteinertem Zorn, doch angetan mit dem feinen Schleier der Duldung, zog ich, den Lockruf dunklen Schluchzens verschluckend, über diesen verlorenen Teppich im Weltall, den bangen Gedanken hinter meines Herzens Vorhang: Wer, wenn ich schriee, hörte mich denn? Na ja, nichts gegen Rilke, aber ganz so schlimm war es dann doch nicht.

HOFFNUNG FÜR HIRNLOSE

GESCHICHTE UND WISSENSCHAFT

*„Unser Wissen ist Stückwerk,
und unser Weissagen ist Stückwerk.
Wenn aber kommen wird das Vollkommene,
so wird das Stückwerk aufhören."*

(1 Korinther 13, 9-10)

Karl der Große und seine Kumpels

Vor 1200 Jahren starb Karl der Große. Der Frankenherrscher wird daher dieses Jahr besonders gewürdigt. Es gibt nun sogar einen Comic über Karl den Großen, er heißt „Karl und seine Kumpels". Das Buch will laut Angaben des Verlags Karl „aus dem Mittelalter in die Gegenwart holen". Einer der Autoren bedauert, dass Karl immer nur als großer, würdiger Herrscher dargestellt werde. „Dabei war der Kaiser eine wilde Sau und hat in jungen Jahren richtig die Post abgehen lassen", sagt der Historiker Josef Stiel. Na bitte, es geht doch: Endlich mal Klartext und nicht diese verwichste Historikerscheiße. Es muss auch mal gesagt werden, dass Karl nicht nur privat ein cooler Typ war, sondern auch ein Fighter. Er bretterte mehrmals volle Kanne nach Spanien, um dort den Arabern, von denen er voll angepisst war, eine reinzuwürgen. Auch die Sachsen waren nach seinen Eroberungstrips die totalen Loser. Karl führte die karolingische Minuskel als Word-Programm und Standardsoftware ein und wurde von Papst Leo voll fett zum Kaiser gekrönt. In Aachen und sonstwo ließ er sich krasse Kaiserpfalzen bauen, in denen er, wenn er gerade keinen Bock auf Stress hatte, chillte. Karl der Große war aber auch ein großer Schnecken-Checker, hatte übel viele Bräute und Nebenfrauen wie Himiltrud oder Desiderata, die ein ganz geiles Gerät gewesen sein muss. Außerdem Hildegard, Madelgard, Gerswind, Adelind und wie die ganzen Ischen und Uschis hießen. Da ging richtig die Post ab. Kein Wunder, denn schon Karls Großvater Karl Martell („Der Hammer"), der den Merowingern zeigte, wo der Hammer hängt, bis sie total abkackten, war ja auch der totale Hammer. Aber echt jetzt, ey.

Sternstunden der Wissenschaft

Wer in der nächsten Woche alles einen Nobelpreis erhält, ist noch geheim. Die Träger der Ig-Nobelpreise 2016 dagegen stehen schon fest. Vergeben werden die Auszeichnungen seit 1991 in Cambridge (USA) für kuriose Forschungen, die Menschen „zuerst zum Lachen und dann zum Nachdenken bringen". Es geht dabei zum Beispiel um den Einfluss von Erdnussbutter auf die Erdrotation oder die Entdeckung, dass Heringe offenbar durch Fürze miteinander kommunizieren. Dieses Jahr wurden unter anderem japanische Forscher geehrt, die feststellten, dass Dinge anders aussehen, wenn wir sie vornübergebeugt durch unsere Beine hindurch nach hinten schauend betrachten. Wissenschaftler der Universität Lübeck erhielten den Ig-Nobelpreis in der Kategorie Medizin für die Entdeckung, dass ein Hautjucken auf der linken Seite des Körpers gelindert werden kann, wenn man sich vor einen Spiegel stellt und die rechte Seite kratzt – und umgekehrt. Das funktioniere, so die Forscher, weil der Mensch in der Lage sei, sein Gehirn auszutricksen. Verfolgt man manche Debatten, zieht man auch die Möglichkeit in Betracht, dass viele ihr Gehirn nicht austricksen, sondern gar nicht über ein solches verfügen. Doch dieser Schein trügt, da mit dem Ig-Nobelpreis ausgezeichnete Hirnforscher erkannt haben, dass mit komplizierten Instrumenten und einfacher Statistik überall eine Hirnfunktion nachgewiesen werden kann, sogar in einem toten Lachs. Es ist also durchaus möglich, dass gerade in Online-Diskussionsforen auch furzende Heringe und tote Lachse mitmischen, ohne dass dies weiter auffällt.

Hoffnung für Hirnlose

Um diesen Planeten ist es nicht gut bestellt. Die Dummheit ist weltweit auf dem Vormarsch. Nur einige Beispiele aus jüngster Zeit: Islamisten in Syrien und im Irak morden und sprengen archäologische Stätten in die Luft, die zum Kulturerbe der Menschheit zählen. In Nigeria morden Islamisten unter dem Motto „Westliche Bildung ist Sünde", das an Dummheit schwer zu überbieten ist. In Deutschland zünden Brandstifter Wohnheime an, in denen Flüchtlinge unterkommen sollen, die alles verloren haben. Ein nordkoreanischer Diktator droht mit Krieg, weil an Südkoreas Grenze Lautsprecher stehen. Ein russisches Gericht verurteilt einen ukrainischen Filmregisseur und Putin-Kritiker wegen Terrorismus zu 20 Jahren Straflager. Und hierzulande schauen viele lieber Katzenvideos im Internet an, als ein Buch oder wenigstens eine Zeitung zu lesen. Gehirn ist offenbar in all diesen Fällen kaum oder gar nicht vorhanden. Aber jetzt gibt es Hoffnung. US-Forscher haben in einem Labor in Ohio ein winziges menschliches Gehirn gezüchtet. Das Organ ist so groß wie eine Erbse und das vollständigste menschliche Gehirn, das bislang künstlich hergestellt wurde. Wie die Ohio State University mitteilt, seien darin die wichtigsten Hirnregionen vorhanden. Das ist ja bei vielen Menschen nicht der Fall. Wenn die Forscher nun noch einen Weg finden, dieses erbsengroße Gehirn in leere Köpfe einzupflanzen, wäre das eine sehr gute Nachricht für Islamisten, russische Richter, nordkoreanische Diktatoren, deutsche Brandstifter, Katzenvideobetrachter. Und für den Rest der Menschheit damit auch.

Ein Hoch auf Albert Einstein

Heute vor 100 Jahren hat Albert Einstein seine bahnbrechende Arbeit „Die Grundlage der Allgemeinen Relativitätstheorie" veröffentlicht. Seine Theorie besagt, dass Raum und Zeit im Universum nur relative Größen sind und in Abhängigkeit von der Schwerkraft stehen. Die Raumzeit wird durch Masse verzerrt, so wie eine Bowlingkugel ein Trampolin einbeult. Einsteins Theorie wurde durch den Nachweis von Gravitationswellen, die durch die Fusion zweier Schwarzer Löcher entstanden, kürzlich bestätigt. Zur Feier des 100. Jahrestags der Veröffentlichung der Relativitätstheorie sind heute weltweit zahlreiche Aktionen geplant. Viele Erlebnisbäder wollen für ihre Besucher Gravitationswellen durch die Schwimmbecken rollen lassen. Möbelhäuser veranstalten einen Albert-Einstein-Aktionstag und werden dabei den Raum so verzerren und ausbeulen, dass bei Käufern Platz für neue Einrichtungsgegenstände entsteht. Zahlreiche Arbeitnehmer wollen an Albert Einstein erinnern, indem sie die Zeit krümmen und ihren Arbeitsplatz eine halbe Stunde früher verlassen. Die Bundesregierung hat sich etwas ganz Besonderes einfallen lassen: Kanzleramtschef Peter Altmaier will ein Schwarzes Loch ausfüllen und durch seine Masse die Raumzeit so weit verzerren, dass die Anziehungskraft der AfD für einen Tag außer Kraft gesetzt wird. Außerdem treten Einstein zu Ehren die besten Leichtathleten der Welt im Quantensprung gegeneinander an, und religiöse Fundamentalisten aller Glaubensrichtungen wollen in einem Test erstmals herausfinden, wer von ihnen nur einen Knall oder schon einen Urknall hat.

Aus der Geschichte des Alkoholismus

Seit jeher fanden alkoholische Getränke in der Geschichte der Menschheit eine freundliche Aufnahme. Nun haben Wissenschaftler herausgefunden, dass der Umgang mit Alkohol viel weiter zurückreicht als bis zu den Vinotheken der alten Griechen und Römer oder babylonischen Bierbrauereien. Laut einer US-Studie hat nämlich schon der letzte gemeinsame Vorfahr von Mensch, Schimpanse und Gorilla vor zehn Millionen Jahren die Fähigkeit entwickelt, Alkohol abzubauen. Die Verdauung ethanolhaltigen Fallobsts bot bei Nahrungsmittelknappheit einen wichtigen evolutionären Vorteil. Vieles ist noch unerforscht, und man muss damit rechnen, dass etwa im Zeitraum zwischen den Erdzeitaltern Pliozän und Miozän Hominide oder wenigstens Humanoide die Fähigkeit des Abbaus von Alkohol entscheidend voranbrachten. Man nennt diese Gruppe, da man nur wenig von ihr weiß, die anonymen Alkoholiker. Auch waren Vertreter der frühen Menschenart Australopithecus wohl oft breit, und da sie nur gut einen Meter groß waren, meist so breit wie hoch. Ich selbst habe schon Menschen gesehen, deren Fähigkeit, Alkohol abzubauen, mit der Geschwindigkeit ihres Konsums desselben nicht mithalten konnte und die sich daher auf allen vieren fortbewegten: zweifellos Abkömmlinge nicht des homo erectus, sondern eines sehr frühen gemeinsamen Vorfahren von Mensch, Gorilla und Schimpanse, wobei ihr übertriebenes Grimassieren auf einen hohen Erbgutanteil seitens des Schimpansen hinzudeuten schien. So viel jedenfalls steht fest: Die Geschichte des Alkoholismus muss neu geschrieben werden.

Philosophischer Schlagabtausch

Die Philosophie berührt Grundfragen der menschlichen Existenz, und so nimmt es nicht wunder, dass in der geistigen Auseinandersetzung zuweilen ein harter Schlagabtausch zu beobachten ist. Trotz solch unschöner Begleiterscheinungen schrieb Immanuel Kant, der den „dogmatischen Schlummer" analysierte, schon 1784: „Habe Mut, dich deines eigenen Verstandes zu bedienen!" Diesen Mut bewiesen nun zwei Russen in der Stadt Rostow am Don, die ein Gespräch über Kant begannen. Der Meinungsaustausch geriet offenbar zur Grundsatzdiskussion und wurde sehr engagiert geführt. Wohl um seinen Thesen mehr Gewicht zu verleihen, schlug einer der Männer seinem Gegenüber plötzlich die Faust ins Gesicht. Es ist nicht bekannt, mit welchen Argumenten die beiden aufeinander eindroschen, bevor einer von ihnen handgreiflich wurde. Womöglich versuchte der Angreifer seinem Gesprächspartner deutlich zu machen, dass Erkenntnis an und für sich ohne sinnliche Anschauung nicht möglich ist, worauf dieser nach dem Faustschlag in einen dogmatischen Schlummer versank. Ein Verhalten nach der Maxime „Der Klügere gibt nach" jedenfalls schien bei diesem philosophischen Disput keiner der beiden in Betracht ziehen zu wollen. Der Vorfall bestätigt immerhin die Erkenntnis Kants, dass der Mensch kein reines Vernunftwesen ist. Er zeigt darüber hinaus, dass Kants „Gedanken von der wahren Schätzung der lebendigen Kräfte" (1746) immer wieder aufs Neue an der Wirklichkeit, und sei es durch einen Faustschlag, überprüft werden wollen, und dass des Königsbergers Idee vom „ewigen Frieden" vorerst eine Utopie bleibt, ja, bleiben muss.

Der Glöckner von Stonehenge

Der Steinkreis von Stonehenge in England ragt wie ein Ding aus einer anderen Welt rätselhaft in die Gegenwart hinein. Die Frage, was das über 4000 Jahre alte Arrangement aus haushohen Steinen bedeutet haben mag, sorgt noch heute für allerlei Kopfzerbrechen. War Stonehenge ein Opferplatz, eine Kultstätte keltischer Druiden? Ein astronomisches Observatorium, mit dem sich Mondfinsterniszyklen berechnen ließen? Wurde Stonehenge von Außerirdischen errichtet? Oder war der steinzeitliche Treffpunkt Grillplatz und Partyzone für Fred Feuerstein und Kollegen? Für Letzteres spricht, dass sich unmittelbar neben dem Steinkreis ein großer Parkplatz befindet. Nun glauben Forscher des Londoner Royal College of Art herausgefunden zu haben, dass der Steinkreis ein gigantisches Glockenspiel war. Viele der Steine klängen nämlich wie Glocken oder Gongs, wenn sie mit einem Hammer angeschlagen würden. Das muss damals eine Hammermusik gewesen sein! Die Musiker, die das Glockenspiel im Steinkreis zum Klingen brachten, folgten gewiss den Handbewegungen eines Quasimodo-artigen Dirigenten – des Glöckners von Stonehenge. Denkbar wäre freilich auch, dass der Steinkreis der Nachrichtenübermittlung diente. Das ist sogar sehr wahrscheinlich: In der Steinzeit, als das Mobilfunknetz noch große Lücken aufwies, haben Mitarbeiter der British Telecom mit großen Hämmern auf die Steine von Stonehenge geschlagen, um so einen prähistorischen Klingelton zu erzeugen. Womit bewiesen wäre, dass auch die Menschen der Steinzeit schon einen ganz schönen Hammer hatten.

Das Zeitalter des Apparatozän

Die Erde ist ein sehr alter Planet, auf dem der Mensch, anders als Algen, Quallen oder Reptilien, erst spät in Erscheinung trat. Um das durch das Auftauchen von Pfeilschwanzkrebsen, Quastenflossern, Dinosauriern oder Zwergpinschern verursachte Durcheinander zeitlich ein wenig zu sortieren, haben Wissenschaftler den Erdzeitaltern Namen gegeben wie Präkambrium, Paläozoikum und Mesozoikum. Das Känozoikum, auch bekannt als Erdneuzeit, begann vor 65 Millionen Jahren und ist wiederum unterteilt in Tertiär und Quartär. Primär geht es dabei um einen groben Zeitplan, und ob der Vormensch bereits im Tertiär oder erst im Quartär auftauchte, erscheint dabei sekundär. Der jüngste Zeitabschnitt ist das Holozän. Geologen wollen nun wegen des beispiellosen Einflusses des Menschen auf den Zustand des Planeten eine neue Epoche namens Anthropozän einführen. Anthropozän bedeutet Menschenzeitalter, und alles deutet darauf hin, dass es nicht lange halten wird, denn der Mensch ist längst dabei, die Kontrolle zu verlieren und sich überflüssig zu machen. Intelligente Roboter und künstliche Intelligenzen übernehmen die Macht. Navigationsgeräte geben uns den Weg vor, Drohnen liefern Pakete aus, Computer handeln mit Wertpapieren, mobile Endgeräte kommunizieren autonom miteinander, und Maschinen treffen selbstständig Entscheidungen. Vielleicht gründen selbstfahrende Autos schon bald einen eigenen Staat, und ein mit allem vernetzter intelligenter Kühlschrank wird Weltpräsident. Dann geht das Anthropozän zu Ende und wird vom Apparatozän abgelöst.

Das Geheimnis eines langen Lebens

Im Alter von 111 Jahren ist dieser Tage der älteste Mann der Welt gestorben. Der New Yorker Alexander Imich erklärte sein langes Leben damit, dass er sich beim Essen zurückhielt und keinen Alkohol trank. Kurz darauf starb der Bolivianer Carmelo Flores, der 123 Jahre alt gewesen sein soll. Sein Alter war aber nicht vom Guinness-Buch der Rekorde verifiziert. Flores erklärte sein Alter damit, dass er sich mit Hilfe von Lama-Dung auf kleiner Flamme Reis oder Nudeln kochte. Der 115-jährige Japaner Jirouemon Kimura sagte einst zum Geheimnis seines Alters: „Esse wenig." Yukichi Chuganji, der 114 wurde, plädierte dagegen für „drei ordentliche Mahlzeiten am Tag". Maria de Jesus aus Portugal mied Alkohol – und wurde 115. Der Sarde Antonio Todde, der 112 wurde, trank ein Glas Wein pro Tag, die Russin Sarchat Raschidowa, die angeblich 131 wurde, trank „viel Rotwein". Der Brite Henry Allingham wurde 113 und nannte als Rezept für sein hohes Alter: „Zigaretten, Whisky und wilde, wilde Frauen." Cruz Hernandez aus El Salvador, die 128 wurde, hatte das Sprechen aufgegeben und verbrachte einen Großteil ihrer Zeit mit Dösen. Die ältesten Menschen der Welt haben uns einen großen Schatz an Lebensweisheiten hinterlassen. Wenn auch Sie so alt wie Methusalem werden möchten, machen Sie es einfach so: Essen Sie wenig, also drei ordentliche Mahlzeiten am Tag, kochen Sie mit Hilfe von Lama-Dung, trinken Sie keinen Alkohol, höchstens ein Glas Wein am Tag oder viel Rotwein und jede Menge Whisky, und vor allem: Geben Sie das Sprechen auf und fangen Sie mit dem Dösen an. Dann könnte es klappen.

Im Kreisverkehr um die Erde

Der US-Astronaut John Glenn wird 95 Jahre alt. Der Mann hat tiefe Spuren in der Geschichte der Raumfahrt und in der Erdumlaufbahn hinterlassen. Nachdem die Russen zuerst den kugelförmigen Satelliten Sputnik, dann die Hündin Laika und schließlich einen Zweibeiner namens Juri Gagarin ins All geschossen hatten, war Glenn der erste Amerikaner, der die Erde umkreiste. Er brauchte dafür im Jahr 1962 knapp fünf Stunden. Glenn hätte nach seiner Erdumrundung eigentlich gleich als Satellit weiterarbeiten können, ging dann aber lieber in die Politik. Es zog ihn jedoch immer wieder in den Weltraum zurück. Als 77-Jähriger umkreiste er mit der Raumfähre Discovery 134 Mal die Erde und wurde so zum ältesten Raumfahrer im All. John Glenn blieb bis heute eine große Inspiration für die Raumfahrt. Nach seinem Vorbild kreisen inzwischen rund 600 000 Teile Weltraumschrott um die Erde. Und Donald Trump tut alles dafür, der erste Amerikaner zu werden, der auf den Mond geschossen oder auf die Erdumlaufbahn befördert und dort kontrolliert zum Absturz gebracht wird. Und Brexit-Wortführer Boris Johnson will als neuer britischer Außenminister nach englischer Sitte den Linksverkehr nun auch im Weltraum einführen und außerdem der erste Brite im All werden, der in den Kreisverkehr um die Erde gegen die Fahrtrichtung einbiegt. Darüber hinaus will er durchsetzen, dass linksdrehende Planeten Standard werden. Falls dies nicht gelingt, hat Johnson damit gedroht, dass Großbritannien seinen Austritt aus dem Universum erklärt.

Von Menschen und Neandertalern

Forscher der Universität Tübingen haben diverse prähistorische Zähne, die deren einstige Besitzer heute nicht mehr benötigen, untersucht und festgestellt, dass die Neandertaler wohl wegen falschen Essens ausgestorben sind. Sie aßen nämlich hauptsächlich Fleisch. Ich vermute, zu ihrem täglichen Speiseplan zählten Höhlenbärrouladen, Waldelefantengulasch, Rentier im Wildpferdespeckmantel und Mammutschnitzel nach mittelpaläolithischer Art. Der moderne Mensch hingegen achtete bereits vor 40 000 Jahren auf eine ausgewogene Ernährung und besorgte sich auch pflanzliche Nahrung. Man darf daher annehmen, dass er einen leichten Sommersalat zu schätzen wusste und sich auch mal einen leckeren Veggie-Burger einverleibte. Außerdem warf er, wenn er schon mal sündigte und Fleisch aß, die abgenagten Knochen nicht einfach wie der Neandertaler hinter sich in die Höhle, sondern trennte den Müll, wie es sich gehört und steckte Schildkrötenpanzer oder Mammutstoßzähne in die dafür vorgesehenen Behälter. Die Neandertaler hingegen nicht, denn sie lebten in Parallelgesellschaften und oft in prekären Verhältnissen. Sie gehörten – anders als der homo sapiens – meist bildungsfernen Schichten an, wussten daher von gesunder Ernährung nur wenig und ernährten sich vorwiegend von Fleisch und Fastfood. Hätten die Neandertaler aber auf eine ausgewogene Ernährung geachtet, könnten sie noch heute leben und hätten gute Chancen, dass ein Vertreter ihrer Spezies als republikanischer US-Präsidentschaftskandidat aufgestellt und mächtigster Mann der Welt wird.

Eine Delle in Raum und Zeit

Weltraumforscher haben erstmals die von Albert Einstein beschriebenen Gravitationswellen direkt gemessen. Womöglich wird hierdurch ein Blick zurück bis zum Urknall möglich. Die durch das Laser-Interferometer-Gravitationswellen-Observatorium entdeckten Wellen entstanden durch die Fusion zweier Schwarzer Löcher vor 1,3 Milliarden Jahren. Mit den Gravitationswellen verhält es sich so: Sie stauchen und strecken den Raum und verbiegen die Zeit. Das ist ja im Grunde leicht zu begreifen. Durch die Verzerrungen der Raumzeit kann es sein, dass im Andromedanebel die Winterzeit sofort auf Sommerzeit umgestellt wird, während es auf Beteigeuze statt später Nachmittag plötzlich halb sechs Uhr früh ist. Die Gesetze des Kosmos haben auch Auswirkungen auf unseren Planeten. Gravitationswellen werden durch die Beschleunigung massereicher Körper verursacht. Ein massereicher Körper wie der SPD-Politiker Sigmar Gabriel verbiegt ebenfalls den Raum und kann zum Beispiel das Asylpaket II stauchen oder strecken. Die von CSU-Chef Horst Seehofer ausgesandten Gravitationswellen wiederum werfen die Frage auf, ob sich hier womöglich ein neuer Urknall anbahnt. Experten wollen das Laser-Interferometer-Gravitationswellen-Dingsbums nun auch bei Koalitionsgesprächen in Berlin zum Einsatz bringen, um die dort herrschenden Schwingungen zu messen und so verlässliche Daten darüber zu bekommen, wann es zum großen Knall kommt. Die Raumzeitkrümmung wird auch die EU-Kommission beschäftigen, die schon bald festlegen will, bis zu welchem Grad die Raumzeit gekrümmt werden darf.

Karl Marx in der Geisterbahn

Heute vor 200 Jahren wurde Karl Marx geboren. Der Philosoph war Mitautor des Kommunistischen Manifests („Ein Gespenst geht um in Europa – das Gespenst des Kommunismus"), Kritiker des Kapitalismus und der Religion, die er als „Opium des Volkes" bezeichnete. An seinem Geburtstag wollen nun viele aus dem Namen des Verfassers von „Das Kapital" Kapital schlagen. Verkauft werden zum Beispiel Null-Euro-Scheine mit Marx-Porträt für drei Euro (Mehrwerttheorie), die Kapital-Sparbüchse in Form einer Marx-Büste sowie Kaffeetassen mit dem Aufdruck „Kaffeetrinker aller Länder, vereinigt euch!" Im Rahmen eines Karl-Marx-Aktionstags wollen sich Vertreter von Bourgeoisie, Kleinbürgertum und Proletariat im Boxring im Klassenkampf messen. Kaufhäuser veranstalten „Warenfetischismus-Wochen" und präsentieren die Produkte von Ausbeutung und entfremdeter Arbeit besonders schön. Die Kirchen wollen Karl Marx zu Ehren massenhaft das „Opium des Volkes" unter die Leute bringen und die Gesellschaft in einen kollektiven religiösen Rausch versetzen. Auf der weltlichen Seite bestimmt heute das Sein das Bewusstsein, und es wird internationale Liebesfestivals geben, auf denen sich Proletarier aller Länder vereinigen können. Da Marx ein Freund der Dialektik war, veranstalten Heimatvereine Dialektwettbewerbe. Zur Feier des Tages werden zudem proletarische Entfesselungskünstler ihre Ketten sprengen und Schausteller in Geisterbahnen das Gespenst des Kommunismus umgehen lassen. Aber dann ist der Spuk vorbei, und der Kapitalismus zeigt wieder sein wahres Gesicht.

Neues aus der Kometenliga

Kometen werden auch Schweifsterne genannt, weil sie oft einen leuchtenden Schweif hinter sich herziehen. Wenn wir unseren Schweif in den Weltraum blicken, stopp: unseren Blick in den Weltraum schweifen lassen, sehen wir in diesen Tagen vor allem einen Kometen, der in dieser Liga für Aufsehen sorgt: ein unförmiges Gebilde namens Tschurjumow-Gerassimenko. Das achtsilbige Ungetüm ist freilich nicht das Ergebnis einer Hochzeit zweier Himmelskörper, die – ähnlich wie bei irdischen Eheschließungen – oft einen schönen Doppelnamen hervorbringt, sondern nach seinen Entdeckern benannt: der wackeren Swetlana Gerassimenko und ihres Astronomen-Kollegen Klim Tschurjumow. Im Jahr 2005 sorgte der Komet Tempel 1 für Schlagzeilen, als die US-Weltraumbehörde Nasa zu Forschungszwecken ein großes Projektil auf ihn abfeuerte, das einen tiefen Krater in seine Oberfläche riss. Klangvollere Namen als Tempel 1 aber haben zweifellos nach ihren Entdeckern benannte Kometen wie Tschurjumow-Gerassimenko, Hale-Bopp, Shoemaker-Levy, Giacobini-Zinner oder Grigg-Skjellerup. Anders als diese Zusammenballungen von Weltraummaterie und Silben ist Leutheusser-Schnarrenberger kein Komet, sondern eine FDP-Politikerin – die aber jetzt, wie man hört, mit ihrer SPD-Kollegin Wieczorek-Zeul unter die Kometenbeobachter gegangen sein soll. Es wird daher wohl nicht mehr lange dauern, bis ein Komet namens Leutheusser-Schnarrenberger-Wieczorek-Zeul auf uns zuschwirrt. Es wäre gut, wenn die Nasa dann möglichst bald ein ziemlich großes Projektil darauf abfeuert.

Alles Wissen ist Stückwerk

Eine neue Bildungsstudie hat ergeben, dass die Bundesbürger nur mittelmäßig lesen und Texte verstehen können. In dem Pisa-Test, der Schlüsselkompetenzen von Erwachsenen in 24 Industrienationen untersuchte, lagen die Deutschen sogar unter dem Durchschnitt. Auch mit der Allgemeinbildung geht es bergab. Wer kennt heute noch die Liebesgeschichten von Alfa und Romeo, von Sodom und Gomera? Wer wüsste zu sagen, was in Homers Nibelungenlied, in Lessings Rassendrama „Nathan der Weiße" oder in Goethes Roman „Werthers Echte" steht? Viele wissen auch nicht, in welchem Jahr Karl-Theodor zu Guttenberg den Buchdruck erfand oder wer den Hundezwinger von Dresden erbaute. Früher konnte noch jeder die Namen der drei Wirtschaftsweisen aus dem Morgenland aufsagen: Kasperl, Melchisedek und Belsazar. Heute ist den meisten nicht einmal mehr präsent, worüber die großen griechischen Philosophen wie Pluto und Aristopheles einst auf dem Forum Romanum diskutierten. Bildungslücken, wohin man schaut: Wann wurde der Gefangenenchor befreit, der durch Wolfgang Amadeus Verdis Oper „Die lustige Witwe" berühmt wurde? Wann erfanden die Marx Brothers den Kommunismus? Oder, um ein Beispiel aus der neuesten Zeit anzuführen: Wofür stehen Mohammed Muslim und die Mursi-Brüder? Fast schon vergessen ist auch, was Papst Benefiz einst lehrte und auf wen die päpstlichen Bullen gehetzt wurden. „Unser Wissen ist Stückwerk", klagte schon der Apostel Paulus im ersten Brief an die Korinther: „Wenn aber kommen wird das Vollkommene, so wird das Stückwerk aufhören."

VON ZIEGEN
UND MENSCHEN

TIERE UND ZOOLOGIE

VII

„Ich bin eine wahnsinnige Rampensau."
(Barbara Schöneberger)

Beziehungen mit Hühnern

Hund und Katze sind die beliebtesten Haustiere. Das Huhn spielt im Reigen der Tiere, zu denen der Mensch eine tiefe Beziehung entwickelt, eher eine Nebenrolle – sieht man einmal davon ab, dass viele das halbe Hähnchen als ihr liebstes Haustier betrachten. Doch hat auch das Huhn ein Recht darauf, in seiner Gesamtheit wahrgenommen zu werden. Daher hat die Stiftung Bündnis Mensch & Tier das Huhn zum Haustier des Jahres erklärt. Stiftungsleiterin Carola Otterstedt möchte auf „Begegnungshöfen" Menschen die Gelegenheit geben, „mit Hühnern in Beziehung zu treten", um das Huhn als „Wesen mit eigener Persönlichkeit" wahrzunehmen. Gut. Was aber, wenn das Huhn eine gespaltene Persönlichkeit hat? Oder wenn sich herausstellt, dass die Hühnerpersönlichkeit, die bei der ersten Begegnung ganz nett schien, in Wahrheit eine Krampfhenne ist? Wie in jeder guten Beziehung, ist auch hier Toleranz gefragt: In solchen Fällen hilft es oft, wenn Sie die Perspektive wechseln und das Huhn einmal mit Hühneraugen betrachten, auch wenn es noch so wehtut. Sie sollten sich auch nicht davon irritieren lassen, wenn sich eine Hühnerpersönlichkeit, der Sie gerade sehr persönliche Dinge von sich erzählen, plötzlich abwendet und nach Körnern pickt – das liegt in der Natur des Huhns, das ja in seinem Kern ein sehr flatterhaftes Wesen ist. Man sollte das Huhn auch trotz Frau Otterstedts positiver Impulse nicht mit Erwartungen überfrachten und ihm Beziehungsgespräche aufzwingen. Das kann selbst einem beziehungsfähigen Huhn mit stabiler Persönlichkeit mächtig auf die Eier gehen.

Von Ziegen und Menschen

Der Film „Männer, die auf Ziegen starren" handelt von einer Spezialeinheit der US-Armee, die parapsychologische Kampftechniken erprobt, unter anderem die, Ziegen durch bloßes Anstarren zu töten – also eine verschärfte Form der Hypnose. Der Film war eher verworren, aber der Titel hatte etwas Inspirierendes. „Forscher, die auf Ziegen starren" übertitelte die Zeitung „Der Standard" einen Text über Problemziegen in Griechenland. Die „Frankfurter Allgemeine Zeitung" konterte mit der glorreichen Überschrift „Ziegen, die auf Inseln starren". Das Magazin „Cicero" schrieb über „Frauen, die auf Männer starren". Ein Beitrag des Magazins „Glamour" über ein Fitnessstudio hieß „Männer, die auf Spiegel starren". Das Pokémon-Go-Fieber inspirierte die „Westdeutsche Allgemeine Zeitung" zur Schlagzeile „Menschen, die auf Monster starren". Greenpeace nannte einen Beitrag über Umweltaktivisten „Menschen, die auf Bäume starren". Die Deutsche Presse-Agentur fand für einen Bericht über Rinderexperten den Titel „Männer, die auf Kühe starren". Und die „Tegernseer Stimme" schaffte es, einen Bericht über das Maibaumaufstellen mit dem Titel „Männer, die auf Stangen starren" zu versehen. Ich drehe jetzt bald einen Film, er wird heißen „Leute, die auf Texte starren". Darin geht es um Journalisten, die Überschriften fabrizieren, in denen Männer, Frauen, Kinder oder auch Tiere auf irgendetwas starren. In einer Nebenrolle des Films tritt der für das Starren hoch qualifizierte Ringo Starr auf. Der Hauptdarsteller wechselt am Ende den Beruf, lässt sich umschulen und hypnotisiert fortan lieber Ziegen.

Neues aus der Welt der Affen

Schimpansen knacken mit Steinen Nüsse oder werfen Zweige, um Artgenossen zu imponieren. Derlei ist bekannt. Nun haben Forscher des Max-Planck-Instituts für evolutionäre Anthropologie in Westafrika eine bislang völlig unbekannte Verhaltensweise von Schimpansen beobachtet. Die Affen werfen Steine gegen Bäume und stoßen dabei laute Rufe aus. Die Frage ist nun: Warum tun sie das? Die Forscher sind ratlos. Ich will daher einige Deutungsversuche anbieten. Obwohl es in der Bibel heißt „Wer ohne Sünde ist, werfe den ersten Stein", ist ein religiöses Motiv bei den meist wenig bibelfesten Schimpansen eher auszuschließen. Womöglich handelt es sich beim Steine-auf-Bäume-Werfen um einen Sport – Menschen üben sich ja auch im Kugelstoßen und werfen oder treten Bälle in Körbe und Netze. Da fragt auch niemand, warum. Schimpansen trommeln zudem auf Bäumen. Forschern zufolge dient dies der Kommunikation, die Affen wollen damit „zeigen, wer sie sind". Vielleicht ist das Steinewerfen als ritualisiertes Imponiergehabe eine neue Variante dieser Selbstdarstellung, eine Art Facebook für Schimpansen. Kommunikation nimmt oft die seltsamsten Formen an, das ist ja bei Menschen nicht anders. Sollte Facebook seinen Nutzern Steine zum Werfen zur Verfügung stellen, wer weiß, was dann passiert. Wahrscheinlich verhält es sich aber so: Das Steinewerfen erinnert als rituelles Verhalten an einen uralten Konflikt zwischen Bäumen und Affen. Die Palmen warfen zuerst mit Kokosnüssen auf Schimpansen, und irgendwann warfen die Affen dann Steine zurück. Ein schöner Brauch.

Kühe im Strafraum

Die Rasen-Fachstelle der Universität Hohenheim – was es nicht alles gibt – hat herausgefunden, dass Fußballer schlimmere Schäden verursachen als Rinder. Fußballspieler belasten den Rasen im Torraum 120-mal mehr als Kühe den Boden auf der Weide. Das haben Untersuchungen der jährlichen Trittbelastung von Grünflächen ergeben. Welche Schlussfolgerungen dürfen wir daraus ziehen? Rinder sind Vierbeiner und Paarhufer oder Paarzeher, Fußballer dagegen haben nur zwei Beine, dafür aber mehr Zehen. Zur Auswirkung der unterschiedlichen Ausformung der Extremitäten auf die Bodenbelastung macht die Studie leider keine näheren Angaben. Ebenfalls nicht untersucht wurde die Frage, wie sich Rinder im Strafraum verhalten. Zulasten der Kuh muss gesagt werden, dass sie zusätzlich zur Bodenbelastung auch den Rasen abfrisst, während der Fußballspieler hier im Allgemeinen Zurückhaltung übt. Dafür gibt er aber auch weniger Milch. Den Rasenexperten zufolge verursachen nicht nur Rinder, sondern auch Golfer weniger Schäden als Fußballer. Was bedeutet dies nun für die Nutzviehhaltung und den Fußballsport insgesamt? Vielleicht sollten in Fußballteams mehr Golfer zum Einsatz kommen, zumindest im besonders gefährdeten Strafraum. Noch besser wären Minigolfer, wegen der geringeren Trittbelastung. Eine Option wäre freilich auch, dass Trainer – wenn es die Rindviecher von der Fifa erlauben – als Stürmer und Verteidiger, die den Strafraum besonders häufig frequentieren, künftig Kühe aufstellen. In diesem Fall müssten die Rinder natürlich mit den Abseitsregeln vertraut gemacht werden.

Der Wolf gehört zu Deutschland

Deutschland richtet jetzt ein bundesweit zuständiges Wolfsberatungszentrum ein. Nach aktuellen Zahlen sind hierzulande rund 80 erwachsene Wölfe und eine unbekannte Zahl von Welpen unterwegs. Die sollen jetzt offenbar beraten werden. Das ist gut. Der Wolf war einst bei uns heimisch. Dann wurde er vertrieben. Vermutlich werden Wölfe bald einen Vertriebenenverband gründen. Auf Regierungsebene wird die Wiederansiedlung des Wolfes begrüßt. Diese muss jedoch in geordneten Bahnen verlaufen. Noch längst aber sind nicht alle Wölfe registriert. Wölfe müssen sich zuerst in dem für ihren Aufenthaltsbereich zuständigen Registrierungszentrum melden. Dann können sie auch die Hilfe von Wolfsberatern in Anspruch nehmen. Der Wille hierzu scheint vorhanden zu sein: Es wurden bereits zahlreiche Fälle dokumentiert, in denen Wölfe die Nähe des Menschen suchten. Vermutlich wollten sie sich beraten lassen. In dem neuen Wolfsberatungszentrum haben Wölfe nun eine kompetente Anlaufstelle. Auch der Bundespräsident muss endlich ein klares Signal senden und öffentlich erklären: „Der Wolf gehört zu Deutschland." Allerdings muss sich der Wolf auch an unsere Gepflogenheiten anpassen. Man darf vom Wolf erwarten, dass er keine Großmutter verspeist, selbst wenn es ihn hin und wieder danach gelüstet. Ein solches Verhalten entspricht nicht unserer kulturellen Tradition und kann nicht gutgeheißen werden. Wölfe, die sich trotz der Integrationsbemühungen von Wolfsberatern als beratungsresistent erweisen, müssen daher ihre Aufenthaltserlaubnis verlieren und abgeschoben werden.

Halbaffen haufenweise

Wo kommen wir her? Und wo gehen wir hin? Das sind die Fragen, auf die der Mensch immer wieder zurückgeworfen wird. Manche meinen, wir gehen den Weg alles Irdischen und verschwinden; andere sagen, wir kommen – je nach Lebensleistung – in den Himmel, die Hölle, ins Nirvana oder ins Paradies. Auch die Meinungen darüber, wo wir herkommen, gehen hier und da auseinander. Verbreitet ist lobenswerterweise die Auffassung, dass Gott den Menschen am sechsten Tag der Schöpfung aus Lehm formte. Andere neigen eher der Auffassung zu, der Mensch habe sich aus primitiven Daseinsformen heraus entwickelt und vor zwei Millionen Jahren in Afrika den aufrechten Gang erlernt. Zu unseren Verwandten zählten demnach neben allerlei Halb- und Menschenaffen etwa Ida, ein Urprimat aus der Grube Messel, oder der Australopithecus, dessen bekanntestes Exemplar eine nur rund einen Meter große, stark behaarte Dame namens Lucy war. Inzwischen haben Forscher einen noch weiter entfernten Verwandten des Menschen entdeckt: ein koboldartiges Geschöpf, das vor 55 Millionen Jahren auf Bäumen in Asien herumhüpfte. Der seltsame Gnom namens Archicebus achilles war nur 22 Zentimeter groß, sein Schwanz 13 Zentimeter lang. Da hat der Schöpfer, nimmt man die Proportionen des modernen Menschen zum Maßstab, im Lauf der Zeit einiges korrigiert. Doch manches ändert sich nie: Gestalten, deren Wesen an primitive, längst ausgestorbene Primaten erinnert und die nur ein winziges Gehirn besitzen, sind in der Familie des homo sapiens auch heute noch haufenweise anzutreffen.

Ärger mit Vögeln

Die Zugvögel sorgen im internationalen Transitverkehr für viel Durcheinander. Das kann nicht ewig so weitergehen. Daher muss auf internationaler Ebene eine Lösung gefunden werden. In Bonn tagte diese Woche die Zugvogelkonferenz. 200 Experten aus 75 Staaten diskutierten über die Lage der Wandervögel. Spätestens Anfang nächsten Jahres, das zeichnet sich jetzt schon ab, werden wieder Millionen Zugvögel ohne gültige Papiere die deutsche Grenze überqueren. Zuvor feiern sie Vogelhochzeit, und dann holen sie ihre Familien nach. Bundeskanzlerin Angela Merkel (CDU) meint zwar: „Wir schaffen das!" Aber stimmt das auch? Die meisten Zugvögel sind bekanntlich Analphabeten und nur schwer in unsere Arbeitswelt zu integrieren. Viele weigern sich beharrlich, unsere Sprache zu erlernen – abgesehen von einigen Papageien, die schon lange hier ansässig sind. Schon im Buch Jeremias der Bibel steht geschrieben: „Selbst der Storch am Himmel kennt seine Zeiten; Turteltaube, Schwalbe und Kranich halten die Frist ihrer Rückkehr ein." Heute halten sich viele nicht mehr daran. Die CSU will daher Registrierungszentren und Abschiebe-Unterkünfte einrichten, um den Vogelzuzug in geordnete Bahnen zu lenken. Zugvögel, die in ihrer Heimat keiner Verfolgung ausgesetzt sind, sollen gar nicht erst einreisen dürfen. Was hat eigentlich der in Madagaskar brütende Dickschnabelreiher in Deutschland zu suchen? Bringt er sich sinnvoll in die Entwicklung der Gesellschaft ein? Es gibt hierzulande schon jetzt zu viele Menschen, die einen Vogel haben. Das sollte uns zu denken geben.

Galoppierender Wahnsinn

Kein Tag vergeht, ohne dass es Neues über den Pferdefleischskandal zu berichten gäbe. Als Rind etikettiertes Pferd fand sich bereits in Gulasch, Lasagne und Ravioli. Fehlt nur noch, dass jetzt im Gulasch auch Nilpferd entdeckt wird – oder Lebensmittelkontrolleure auf einer „Meeresfrüchte"-Pizza Seepferdchen finden. Und wie groß wird die Aufregung erst sein, wenn das erste Fertiggericht auftaucht, das neben Pferdefleisch auch Pferdeäpfel enthält? Ich will zwar hier nicht die Pferde scheu machen, aber wenn nach der Schweinegrippe und dem Rinderwahnsinn demnächst die Pferdeparanoia auftritt, werden womöglich Pferdefleischbuletten unter dem Namen „Crazy Horse" verkauft. Spätestens dann muss die EU einen Pferdefleischkommissar, wie sagt man da am besten: bestallen. Man muss das Problem des Etikettenschwindels jedoch auch einmal von der anderen Seite her betrachten und fragen: Ist denn überall, wo Pferd draufsteht, auch wirklich Pferd drin? Keineswegs. Produkte der Marke Hengstenberg zum Beispiel enthalten kein Gramm Hengst, sondern Gurken oder Sauerkraut. Der französische Modemacher Jean Paul Gaultier ist – seinem Namen zum Trotz – kein Gaul, sondern eher ein Esel. Das Modelabel „Gaultier" müsste also zumindest durch das Etikett „Maultier" ersetzt werden. Gaultiers Kollege Karl Lagerfeld wiederum ist zwar stolz auf seinen Pferdeschwanz, aber erstens ist der nicht echt, und zweitens – verglichen mit dem, was ein ausgewachsenes männliches Pferd so vorzuweisen hat – wirklich nur ein lächerliches Anhängsel. Lassen Sie sich also nichts vom Pferd erzählen!

Heiliger Bimbam

Die wichtige Debatte über die Abschaffung der Kuhglocken ist nun auch in Bayern angekommen. In der Schweiz wird bereits seit längerem darüber diskutiert, ob die Glocken den Tatbestand der Tierquälerei erfüllen. Eine Studie der Eidgenössischen Technischen Hochschule in Zürich hatte ergeben, dass Kühe mit 5,5 Kilo schweren Glocken weniger fraßen und ihre Köpfe seltener bewegten als glockenlose Artgenossinnen. Jetzt fordern auch bayerische Tierschützer das Verbot von Kuhglocken, und Facebookgruppen pro und kontra Glocken geben sich ordentlich was auf die Glocke. Nun soll ein zweites Gutachten Klarheit bringen. Heiliger Bimbam! Ich aber sage euch: Das Geläut von Glocken wird bald nicht mehr nötig sein, um Kühe ausfindig zu machen, die sich verirrt haben. Kühe werden künftig mit einem Navigationsgerät ausgestattet, das ihnen in der Muh-Sprache den Weg weist. Dank integriertem Einparkassistenten findet die Kuh dann auch ohne großes Rangieren sofort ihren Platz im Stall. Für den Fall, dass das Navi versagt, kann die mit einer Selfie-Stange ausgerüstete moderne Kuh ein Foto von sich samt Landschaftshintergrund machen und verschicken, um ihren Standort durchzugeben. Die Kuh 2.0 wird dann auch selbst interaktiv tätig und mit anderen Kühen via Facebook kommunizieren, wo sie dann zusammen ständig alles wiederkäuen und überall ihre Fladen platzieren können. Irgendwann wird man Kühe gar nicht mehr auf die Weide treiben. Das Milchvieh wird einfach in die Cloud ausgelagert, und man kann sich die Milch dann direkt von dort herunterladen.

Legehennen und Eierköpfe

In Deutschland sind möglicherweise Millionen falsch deklarierter Eier in Umlauf. Sie sollen unter Verstößen gegen Vorschriften zur Hühnerhaltung in den Handel gelangt sein. Dabei ist die Kennzeichnung der Herkunft von Hühnereiern aus Freiland-, Boden- oder Käfighaltung seit Jahren klar geregelt. Das haben die Eierköpfe in Brüssel so beschlossen. Doch die Kontrollen haben versagt. Niedersachsens Agrarminister eiert herum und spricht von einem „Legehennen-Skandal". Die freilaufende Verbraucherministerin Ilse Aigner scheint den Überblick verloren zu haben und ihr Amt nur noch mit halber Energie auszuüben. Vermutlich müssen bei ihr die Legebatterien ausgetauscht werden. Der Verbraucher ist irritiert und hat ein Recht auf die Beantwortung vieler Fragen: Dürfen Bio-Eier nur von freilaufenden Hühnern oder auch von solchen mit festem Wohnsitz gelegt werden? Wird es bald Biobauern geben, die keine Eier mehr haben? Und was werden die Biobäuerinnen dazu sagen? Ein Ende der Lebensmittelskandale ist derzeit nicht abzusehen. Bereits 2011 wurde Dioxin in Eiern entdeckt, weil Tierfutter mit Schmierstoffen und Mischfettsäuren angereichert worden war – was sich mit dem Ideal einer biologisch-ökologischen Eiererzeugung nur teilweise vertrug. Es ist daher nur eine Frage der Zeit, bis die ersten Bio-Eier auftauchen, die Pferdefleisch enthalten. Das ist zwar laut Verbraucherministerium nicht gesundheitsschädlich, aber dennoch Etikettenschwindel: Eine Füllung mit Pferdefleisch ist nach den derzeitigen Kennzeichnungsvorgaben der EU nämlich nur in Überraschungseiern erlaubt.

Schimpansenfrühstück

Ein internationales Forscherteam hat herausgefunden, dass Schimpansen, wenn es ums Fressen geht, zu Frühaufstehern werden. Karline Janmaat vom Max-Planck-Institut für Evolutionäre Anthropologie und ihre Kollegen haben in dem westafrikanischen Staat Elfenbeinküste das Verhalten von weiblichen Schimpansen untersucht und dabei festgestellt: Wenn die Tiere auf Bäume stoßen, die besonders verlockende Früchte tragen, wollen sie unbedingt die Ersten beim Frühstück sein. Daher bauen sie ihre Schlafnester in unmittelbarer Nähe zum Frühstücksbaum und stehen auch früher auf als ihre Nahrungskonkurrenten, etwa kleinere Affen und Vögel. Oft waren die Schimpansen bereits vor Sonnenaufgang unterwegs. Für die Schlacht am kalten Büffet des Frühstücksbaums ist dies zweifellos von Vorteil. Doch auch in anderen Bereichen des Lebens haben die Menschenaffen aufgrund dieses evolutionären Vorsprungs die Nase vorn. Wenn Schimpansen nämlich Badeurlaub machen, legen sie noch vor dem Frühstück, um so Konkurrenten wie kleinere Affen oder andere komische Vögel auszustechen, ihre Handtücher über die Liegestühle am Strand oder am Pool. Affen – und zwar weibliche Schimpansen ebenso wie Langschwanzmakaken oder solche, die sich dafür halten – wollen auch immer sofort das neueste Smartphone haben, um gegen potenzielle Konkurrenten anstinken zu können. Zum Teil verlassen sie dafür ihre Schlafplätze noch vor Sonnenaufgang, um in der langen Schlange vor dem Apple-Laden möglichst weit vorn zu stehen. Menschen verhalten sich da zum Glück ganz anders.

Wer fliegt, der betrügt

Ich habe vor kurzem hier geschrieben, dass viele Leute einen Vogel oder gar eine Vollmeise haben. Daran ist nicht zu rütteln. Ich habe das selbst durch langjährige Feldforschungen herausgefunden und auf der Basis zahlreicher Einzelstudien immer wieder neu überprüft. Ich weiß freilich nicht, inwieweit meine Erkenntnis Einfluss auf die Vogel-Zählaktion des Landesbundes für Vogelschutz hat, die derzeit ausgewertet wird. Verwirrend ist, dass bei der Aktion „Stunde der Gartenvögel" erstmals auch Igel, Zauneidechsen und Erdkröten gemeldet werden sollen, obwohl deren Fähigkeit zum Fliegen – und zum Vogelsein überhaupt – nicht sehr ausgeprägt ist. Es wäre sicher nicht vermessen, zu behaupten: Wer als Igel oder Erdkröte fliegt, der betrügt. Andererseits wissen wir dank der CSU aber auch: Wer betrügt, der fliegt. So ist es durch diesen logischen Zirkelschluss wohl doch berechtigt, dass Igel und Kröten bei der „Stunde der Gartenvögel" mitgezählt werden dürfen. Jedenfalls muss man bei dieser Aktion ganz genau hinschauen – und hinhören. Der Vogel Zilpzalp etwa ruft ständig seinen Namen – allerdings leider nur den deutschen (Zilpzalp), da er mit der Aussprache seines lateinischen Namens (Phylloscopus collybita) offensichtlich überfordert ist. Es soll auch schon vorgekommen sein, dass der Zilpzalp nicht einmal das obligatorische „Zilpzalp" ohne Artikulationsprobleme herausbrachte und daher von Vogelbeobachtern falsch zugeordnet wurde. Da kann man dem Vogel nur sagen: Hättest du geschwiegen, wärst du ein Zilpzalp geblieben – oder, wie der Lateiner sagt: Si tacuisses, Phylloscopus mansisses.

Geldbeutelratten und Dollarschweine

Im Laufe der Evolution sind viele neue Lebewesen entstanden und andere verschwunden. Etwa der Riesenvogel Dodo oder das rund 700 Kilo schwere Meerschwein Phoberomys pattersoni. Der Mensch ist am Artensterben nicht ganz unschuldig. Allerdings sorgt er auch dafür, dass neue Arten entstehen. US-Forscher haben festgestellt, dass an Geldautomaten das Mikrobenleben tobt. Auf den Tastaturen entdeckten sie Spuren von Hühnchen und Schimmelpilzen, Milchsäurebakterien und weitere Mikroorganismen. So fängt alles an. Mikroben, also Kleinstlebewesen, traten vor rund 3,8 Milliarden Jahren als erste Organismen auf der Erde auf. Das sah damals noch nicht besonders spektakulär aus, aber kaum war ein wenig Zeit vergangen, standen plötzlich Riesenviecher wie Dinosaurier oder gigantische Meerschweinchen in der Landschaft herum. Man muss davon ausgehen, dass sich diese Entwicklung fortsetzt. Auffällig ist, dass britische Banknoten bereits tierische Fette enthalten. Denkbar, dass aus den Spuren von Hühnchen bald ein Geldhahn entsteht. Sodann könnte die Geldbeutelratte das Licht der Welt erblicken. Womöglich dauert es nicht lange und wir treffen dort auf größere Tiere wie den Finanzhai und den Goldesel, und dann bringt das Biotop Geldautomat ganz neue Lebensformen hervor wie das Geheimzahlenschaf, die Milchsäurebakterienkuh, den Tastaturtapir oder das Dollarschwein. Wenn aus diesem die erste Geldwurst gemacht wird, hat die Evolution am Bankautomaten ihre Aufgabe erfüllt und die Kapitalismuskritiker werden merken, dass man Geld doch essen kann.

Neues vom Pferd

Auf dieser Welt ist alles auf seltsame Weise miteinander verknüpft. So war es nur logisch, dass nach der Aufregung um falsch etikettiertes Pferdefleisch Schimmel in Tierfutter entdeckt wurde. Wie kam das weiße Pferd ins Tierfutter? Man weiß es nicht, aber schon bahnt sich der nächste Skandal an: Spuren von Pferd wurden jetzt auch in Büchern entdeckt. In Theodor Storms „Der Schimmelreiter" oder Martin Walsers Roman „Ein fliehendes Pferd" ist es immerhin ordnungsgemäß etikettiert. Nun haben Laboruntersuchungen ergeben, dass auch die Romane „Der Pferdacht" von Friedrich Dürrenmatt und „Pferdammt in alle Ewigkeit" von James Jones sowie das Weihnachtslied „Es ist ein Ross entsprungen" oder der Song „Pferdamp lang her" von BAP mehr Pferd enthalten als auf der Verpackung angegeben ist. Auch die Werke von Annemarie Schimmel, Pferdinand Freiligrath und Peter Rossegger werden nun genauer unter die Lupe genommen. Und der bayerische Humorist Weiß Pferdl – war der etwa ein Schimmel? So wie der Mann, den sie Pferd nannten? Vielleicht kann das Galopp-Institut das in einer Studie klären. Um eine Falschetikettierung handelt es sich auch beim Trojanischen Pferd, das überhaupt kein Pferdefleisch enthielt, sondern wie Möbel von Ikea aus einzelnen Holzteilen zusammengefügt wurde – wie möglicherweise auch die Köttbullar-Klopse des schwedischen Möbelhauses. Die sollen künftig dort nicht mehr serviert, sondern als Bausatz zum Mitnehmen angeboten werden – damit der Käufer weiß, was drin ist. Die Kunden können sich die Klopse dann zu Hause selbst zusammenschrauben.

Eine wahnsinnige Rampensau

Barbara Schöneberger ist bekannt aus Funk und Fernsehen. Und aus Illustrierten, denen sie pausenlos etwas über sich selbst erzählt. Obwohl sie einmal behauptete, dass sie nur wenig über ihr Privatleben verrate. Daher sagte sie wohl dem Magazin „in", sie habe sich als junges Mädchen wie ein hässliches Entlein gefühlt: „Ich habe nur Jungs abgekriegt, die keiner wollte, weil mich auch keiner wollte." Als Mutter verliert sie heute ab und an die Nerven: „Dann schreie ich mit einer Stimme, die ich selbst nicht wiedererkenne", teilte sie der Zeitschrift „Emotion" mit. Dennoch hätte sie „Lust, noch zwei Kinder zu bekommen". Das Bügeln spart sich Schöneberger: „Meine Klamotten sind so eng, wenn ich die anziehe, sind die automatisch glatt", ließ sie das Magazin „Cover" wissen. Zu Hause kleidet sich Barbara Schöneberger, die übrigens kaum über Privates spricht, gern leger. „Es haben sich schon Mitglieder der Familie erkundigt, ob ich auch eine Hose ohne Löcher hätte und ob ich mir irgendwann noch mal die Haare kämmen möchte", sagte Schöneberger der Zeitschrift „Freundin". Den „Stern" ließ die TV-Moderatorin wissen: „Ich bin eine wahnsinnige Rampensau. Ich stell mehr und mehr fest, dass es mir einfach liegt, raus auf die Bühne zu gehen." Der „Bild"-Zeitung teilte die Quasselstrippe und bekennende Rampensau („In Wahrheit bin ich eher ein häuslicher Typ") mit: „Ich hasse telefonieren. Ich kann es nicht haben, wenn mich jemand anruft, um einfach mal so zu quatschen." Denn einfach so zu quatschen – das ist etwas, was Barbara Schöneberger offenbar überhaupt nicht liegt.

DAS
WURST-CASE-SZENARIO
VERKEHR UND MOBILITÄT

„Wäre, wäre, Fahrradkette."
(Lothar Matthäus)

Geregelter Verkehr

Andere Länder, andere Sitten. Das gilt für alle Bereiche des Lebens – auch für das Autofahren. In Deutschland zum Beispiel dürfen Fahrer nackt im Wagen sitzen, da das Auto als Bereich des Privaten gilt. Wer sein Fahrzeug allerdings nackt verlässt, dem droht eine Geldstrafe. In Dänemark müssen Fahrzeugbesitzer, bevor sie losfahren, erst einmal nachsehen, ob jemand unter dem Auto liegt. Sollte dies der Fall sein, darf das Auto nicht bewegt werden. Das ist eine sehr sinnvolle Regelung. In den USA gibt es eine ganze Reihe von Gesetzen, die Autofahrer beachten müssen. Im Bundesstaat Oklahoma zum Beispiel dürfen Fahrer während der Fahrt keine Comics lesen. In Alabama wiederum ist das Fahren mit verbundenen Augen verboten. Das ist ein gutes Gesetz. Gestern Abend habe ich versucht, einen Parkplatz zu finden. Es hat sehr lange gedauert, da mehrere Wagen jeweils zwei Parkplätze blockiert hatten. Vermutlich hatten die Fahrer ihre Vehikel mit verbundenen Augen eingeparkt. In Alabama wäre das so nicht möglich. In Tennessee dürfen Personen, die ein Fahrzeug steuern, während der Fahrt nicht schlafen. Eine gravierende Gesetzeslücke hat der US-Bundesstaat Minnesota geschlossen: Dort ist es verboten, einen Gorilla auf dem Autorücksitz zu befördern. Erst kürzlich hat ein Autofahrer vor mir auf freier Strecke abrupt gebremst, fuhr dann noch zwei Meter rückwärts, um dann ohne zu blinken rechts abzubiegen. In Deutschland ist es anscheinend nicht nur erlaubt, dass Gorillas auf dem Autorücksitz Platz nehmen. Hier dürfen Affen offenbar sogar am Steuer sitzen und ein Fahrzeug lenken.

Das digitale Ticketing

Zugfahren soll bald schon ohne die klassische Fahrkarte möglich sein. Die Bahn plant, das digitale Ticketing einzuführen. Der Zug kann dann über das Handy des Passagiers erkennen, dass dieser eingestiegen ist, und wenn er aussteigt, wird der Fahrpreis automatisch abgebucht. Laut Auskunft der Bahn befindet sich das digitale Ticketing noch im Versuchsstadium, soll aber in den nächsten Jahren Stück für Stück eingeführt werden. Erprobt wird auch die Variante, dass sich das Smartphone mit dem Fahrkartenautomaten unterhält und den günstigsten Tarif aushandelt. Der Bahnmitarbeiter am Serviceschalter kann derweil Pause machen oder mit dem Kunden einen Kaffee trinken. Das digitale Ticketing ist natürlich nur der erste Schritt auf dem Weg zum total vernetzten Bahnverkehr 4.0. In Zukunft wird neben dem autonomen Auto auch das autonome Smartphone ganz selbstverständlich zu unserem Leben gehören. Das Handy steigt dann allein in den Zug ein, in Venedig oder Brunsbüttel wieder aus, und das Herrchen oder Frauchen des Geräts kann alles bezahlen. Verpasst ein Handy aufgrund einer Zugverspätung den letzten Anschlusszug, darf es kostenlos in einem Intercity-Hotel übernachten und sich als Betthupferl noch eine Extra-App herunterladen. Sicher dauert es dann nicht mehr lange, bis sich alleinreisende Smartphones zusammenschließen, in Fünfergruppen mit dem Bayernticket verreisen oder über das digitale Ticketing einen Sondertarif aushandeln und noch weitere vernetzte Geräte wie einen intelligenten Kühlschrank oder einen onlinefähigen Staubsauger mitnehmen.

Helmpflicht für Smombies

In Großstädten achtet jeder sechste Fußgänger einer Studie zufolge mehr auf sein Smartphone als auf den Straßenverkehr. Das Wort Smombie (aus Smartphone und Zombie) beschreibt Menschen, die von der Umwelt nichts mehr mitbekommen, weil sie ständig aufs Handy starren, Facebook im Blick haben und oft auch noch über Kopfhörer oder Ohrstöpsel Musik hören. So weiß der Smombie zwar sofort, wo sich Facebookfreundin Lisette gerade die Nägel lackieren lässt, aber im Zweifelsfall eben nicht, dass er gleich von einem Bus überrollt wird. Um die Smartphone-Generation „Kopf unten" zu schützen, werden in einigen Städten LED-Leuchten im Boden getestet, die blinken, sobald eine Ampel auf Rot schaltet. Mancherorts gibt es bereits eigene Gehwege für Smombies. Das ist gut, wird aber auf Dauer nicht ausreichen. Es sollten grundsätzlich zwei Spuren für Smombies eingerichtet werden, eine in jede Richtung. Bei hohem Smombie-Aufkommen sind zur Vermeidung von Staus auch Überholspuren ratsam. Auch muss es eine Helmpflicht für Smombies geben für den Fall, dass sie mit einem Laternenmast oder einem anderen Vollpfosten kollidieren. In naher Zukunft können sich Smombies Chips einpflanzen lassen, die ein automatisches Warnsystem aktivieren, das – wie schon bei Autos – vor der drohenden Kollision mit anderen Verkehrsteilnehmern oder Hindernissen piept. Wenn wir also bald nach unten aufs Smartphone starrenden und von Kopfhörern beschallten Fußgängern begegnen, bei denen es laut piept, sind wir auf dem Weg der Digitalisierung wieder ein schönes Stück vorangekommen.

Mobilität verbindet

Der Megatrend der Internationalen Automobil Ausstellung in Frankfurt ist das automatisierte und vernetzte Fahren. Autos und Internet sollen zusammenwachsen. Das Motto heißt: „Mobilität verbindet". Jeder vierte Neuwagen hat schon heute eine Internetverbindung. Selbstfahrende Autos finden ihren Weg allein, der Fahrer kann derweil auf dem Beifahrersitz seine Mails checken, essen, seinen Teller fotografieren und auf Facebook posten. Das intelligente Auto erledigt alles selbst, sein Besitzer kann so dumm sein wie ein Stück Feldweg. Dank neuester Technologie wird das Auto der Zukunft mit dem schnellsten verfügbaren Internet verbunden. Auf manchen Strecken wird das Internet so schnell, dass es das Auto rechts überholt. Und das ist nur der Anfang. Vernetzte Autos werden miteinander kommunizieren. Wenn ein Wagen auf der Straße einem anderen Auto begegnet, das ihm gefällt, kann er dieses bei Facebook liken. Verlässt ein Auto die Waschstraße, fährt es seine Selfie-Stange aus, macht ein Foto von sich und schickt es stolz seinem Halter. Volkswagen kündigte an, schon bald jedes neue Automodell zum „rollenden Smartphone" zu machen. Darauf wird Apple natürlich reagieren und im Gegenzug seine Smartphones mit Außenspiegeln und Fernlicht versehen, einem Scheibenwischer für das Display, falls es regnet, einem Handschuhfach für das Zwischenlagern großer Datenmengen, einer Verblödungsbremse, die allzu schwachsinnige Facebookbeiträge sofort löscht und seine Geräte außerdem mit Rädern ausstatten. Dann kann der Kunde selbst entscheiden, wer das größte Rad ab hat.

Schlüsselerlebnis 4.0

Der Begriff Industrie 4.0 ist heute das Zauberwort schlechthin. Die Digitalisierung der Gesellschaft schreitet voran und bietet uns Chancen, unser Leben weiter zu optimieren. Auch die Haushalte werden jetzt kompromisslos durchdigitalisiert. Im Smart Home gibt der intelligente Kühlschrank dem Smartphone Bescheid, wenn die Milch zur Neige geht, und dieses schickt dann das selbstfahrende Auto los, das die Milch im Supermarkt besorgt. Wer seinen Wagen noch selbst steuern will, kann ihn mittels des Keyless-Go-Systems durch die Übertragung von Funksignalen ohne aktive Benutzung eines Schlüssels entriegeln und starten. Leider können die Funksignale auch von Dieben abgefangen und zum Öffnen und Starten eines Wagens verwendet werden. Manche Autobesitzer bewahren daher ihren Keyless-Go-Schlüssel daheim im Kühlschrank auf, da das Gerät für eine Abschirmung der Funksignale sorgt. Handelt es sich um einen intelligenten Kühlschrank, kann dieser den Dieben über Facebook gleich mitteilen, dass es aussichtslos ist, den Code zu knacken. Sollte dem Kühlschrank trotz seiner Intelligenz ein gewisses Maß an digitaler Dummheit innewohnen, besteht die Gefahr, dass er, falls im Kühlschrank Licht brennt, ein Foto des Schlüssels macht und postet, worauf Diebe mithilfe eines 3D-Druckers leicht einen Zweitschlüssel herstellen und so das Auto doch noch öffnen können. Das Internet der Dinge eröffnet ungeahnte Möglichkeiten. Am besten ist es, der Mensch mischt sich da möglichst wenig ein und lässt dem natürlichen Gang der Digitalisierung seinen Lauf.

Ein behobener Dachschaden

Wer jemals wegen eines Schadensfalls mit einer Versicherung in Korrespondenz treten musste, weiß, dass es oft nicht leicht ist, den Vorfall sachlich korrekt und nachvollziehbar zu schildern. Und die Sachbearbeiter in den Schadensabteilungen der Versicherungen wissen es auch. Dankenswerterweise haben einige solche Schilderungen, die ansonsten im Orkus des Vergessens verschwunden wären, für die Nachwelt festgehalten. Zum Beispiel diese: „Durch den Auffahrunfall wurde das Hinterteil meines Vordermannes verknittert." Oder diese: „Ein Fußgänger kam plötzlich vom Bürgersteig ab und verschwand dann wortlos unter meinem Wagen." Er hätte ja wenigstens vorher fragen können. Ein anderer Kunde schrieb: „Nachdem ich 40 Jahre gefahren war, schlief ich am Lenkrad ein." Das ist nur allzu verständlich und zeigt, dass man zwischendurch mal eine Pause einlegen sollte, mindestens so alle zehn Jahre. Doch wer braucht überhaupt eine Haftpflichtversicherung? Nicht jeder, wie dieser Fall beweist: „Hiermit kündige ich Ihre Haftpflichtversicherung. Ich bin zur Zeit in Haft und brauche daher keine Haftpflichtversicherung." Ein sehr einleuchtendes Argument. Doch auch so was passiert: „Die Fahrt war an einem Baum zu Ende. Er stand unter Alkohol." Es kann sich dabei wohl nur um eine Blaufichte gehandelt haben. Doch gibt es auch Positives zu berichten, wie aus diesem Schreiben hervorgeht: „Mein Dachschaden wurde wie vorgesehen am Montagmorgen behoben." Dieses Glück haben nicht alle. Ich kenne nämlich viele Leute, die bis heute auf die Behebung ihres Dachschadens warten.

Idiotentest für intelligente Autos

Gerade ist der Deutsche Verkehrsgerichtstag zu Ende gegangen. Ein Thema der Konferenz war die Haftungsfrage beim automatisierten Fahren. Mobilitätsexperten sagen voraus, dass autonomen Autos die Zukunft gehört. Doch auch für selbstfahrende, digital vernetzte Autos gilt natürlich die analoge Straßenverkehrsordnung. Eine Ethikkommission hat vorgeschlagen, bei Verkehrsdelikten die Entwickler der Technik haftbar zu machen. Aber das reicht nicht. Autonome Autos müssen bei Vergehen im Straßenverkehr auch selbst zur Verantwortung gezogen werden. Folgende Sanktionen sind im Gespräch: Werden bei einer Alkoholkontrolle mehr als 0,5 Promille im Tank eines selbstfahrenden Autos festgestellt, wird es auf Elektroantrieb umgestellt. Parkt ein vernetztes Auto so dämlich, dass es zwei Stellplätze blockiert, erhält der automatische Einparkassistent einen Punkt in Flensburg. Schleppt ein autonomes Auto ein anderes mit einer Selfiestange ab, wird es einem Shitstorm ausgesetzt – ohne die Möglichkeit, anschließend eine Waschstraße zu durchfahren. Haben autonome Autos acht Punkte in der Verkehrssünderkartei angesammelt, müssen sie zum Idiotentest. Dort treffen sie dann möglicherweise einige ihrer smarten Kollegen wie sogenannte intelligente Kühlschränke, die nach Online-Fehleinkäufen für unzurechnungsfähig erklärt wurden, Amazons sprachgesteuerte Haushaltshilfe Alexa, die statt zu arbeiten nur noch mit ihrer Freundin Siri quasselt, oder Waschmaschinen mit Internetzugang, die Kleidungsstücke nach dem Schleudern versehentlich in die Cloud auslagern.

VW bleibt am Ball

Der Automobilkonzern VW wird ab 2019 neuer Generalsponsor und „Mobilitätspartner" des Deutschen Fußballbundes. Damit finden zwei Global Player zusammen, die auf dem Gebiet der Manipulation großes Knowhow besitzen: VW hat bei den Abgaswerten, der DFB bei der WM-Vergabe 2006 manipuliert. VW will dem DFB pro Jahr viele Millionen Euro überweisen. Spieler und Fußballfunktionäre werden also noch reicher, die Autos im Gegenzug dafür wohl teurer. Wie muss man sich die Zusammenarbeit von VW und DFB nun konkret vorstellen? Als Mobilitätspartner will der Volkswagenkonzern seine Kernkompetenzen in den deutschen Fußball einbringen. So sollen neue Spieler vor ihrer Aufnahme in den Nationalkader bei einem Probetraining auf ihren Ausstoß von Kohlendioxid und Stickoxid untersucht werden. Überschreiten sie die zulässige Höchstgrenze, werden sie mit einer Software einfach neu programmiert. Spieler sollen zur Leistungssteigerung künftig mit eingebautem Spurhalteassistenten, Frontantrieb und Lenkunterstützung ausgerüstet sowie zum Heck hin verschlankt werden. Auch bei der Mannschaftsaufstellung will VW sein Portfolio voll ausspielen: Die Abwehr wird auf Diesel umgestellt, das Mittelfeld testweise mit Elektromobilität betrieben, dem Sturm soll das Plug-in-Hybrid-Antriebsystem neuen Schub verleihen, und die Viererkette wird durch einen Zwölfzylinder ersetzt. Parallel zur Einführung des selbstfahrenden Autos werden die Spielzüge dann von Wolfsburg aus zentral gesteuert, und die Nationalmannschaft wird in VW Golf Turbo umbenannt.

Das Wurst-Case-Szenario

Bei der Daimler-Hauptversammlung ist es zu einem Eklat gekommen: Ein Aktionär packte sich mehrfach Würstchen vom Buffet zum Mitnehmen ein. Als der Wurstel zur Rede gestellt wurde, kam es zu einem handfesten Streit, der die Polizei auf den Plan rief. Hier stellt sich die Frage: Ist die Gier mancher Aktionäre zu groß? Oder sind es allesamt nur arme Würstchen? Daimler-Aufsichtsratschef Manfred Bischoff zog aus dem Vorfall die Erkenntnis: „Entweder wir brauchen mehr Würstchen oder wir schaffen sie ganz ab." Vielleicht sollte Daimler besser ins Wurstgeschäft einsteigen. Der Volkswagenkonzern zum Beispiel stellt auch Currywürste her und verkauft bereits mehr Würste als Autos. Bei Daimler ist es genau andersherum: Der Konzern konntc zwar scinen Neuwagenverkauf steigern, hat aber zu wenige Würste im Angebot und ist somit in den Emerging Markets nicht gut aufgestellt. Wenn Daimler den Anschluss nicht verlieren will, muss der Konzern eigene innovative Wurstmodelle auf den Markt bringen – etwa die mobile Wurst, die emissionsarme Hybridwurst mit Einspritztechnik und Dieselantrieb, die vernetzte Wurst im digitalen Naturdarm oder die Kleinwagenwurst Smart (Drei im Weckla). Allerdings ist es aufgrund der Tricksereien der Automobilindustrie nur eine Frage der Zeit, bis entdeckt wird, dass die Software in der Wurst manipuliert oder die mobile Wurst so konstruiert wurde, dass sie einem nach dem Verzehr sofort wieder hochkommt. Es wird wohl nicht lange dauern, bis ganze Wurst-Produktionsserien zurückgerufen werden. Das wäre dann freilich das Wurst-Case-Szenario.

EIMER FÜR ALLE

FREIZEIT UND BRAUCHTUM

„ My Baby just kehrs for me. "
(Nina Simone)

Der Tag der Matschbirnen

Es gehört zu den zweifelhaften Vergnügungen von Journalisten, allerlei Post zu erhalten von Personen, die mit den seltsamsten Ansinnen vorstellig werden. Vor kurzem bekam ich eine Einladung zu dem an diesem Samstag in Berlin stattfindenden Trainings-Event „Tough Mudder", die so begann: „Liebe Sport- und Schlamm-Interessierte". Ich fand diese Anrede nicht ganz glücklich, da ich annehme, dass die Zahl derjenigen, die sich für Schlamm interessieren, überschaubar sein dürfte. Aber ich kann mich täuschen. Immerhin gibt es in Finnland die Schlamm-fußball-WM, und in Wales wird der schöne Brauch des Schlammschnorchelns geübt, bei dem die Wettbewerber einen 100 Meter langen Schlammgraben durchtauchen. Tough Mudder (Mud heißt übersetzt Schlamm) ist ein Extrem-Hindernislauf, dessen Teilnehmer zum Beispiel mit Fett und Schlamm eingeriebene Klettergerüste besteigen und 16 bis 18 Kilometer durch den Matsch robben. Doch nicht nur Matscho-Männer, auch Damen dürfen sich wie Borstenvieh in der Kuhle suhlen: Mit „Mudderella" gibt es eine kürzere und abgespeckte Version für Frauen, mit „Mini Mudder" einen Hindernis-Parcours für Kinder und mit „Urban Mudder" einen Schlammlauf für Matschbirnen mitten in der Stadt. Zweifellos bringt der Schlamm Menschen zusammen, die anders nicht zueinander fänden. Dennoch bleibt mein Interesse an Schlamm begrenzt, das Leben ist mir Schlamassel genug. Selbst wenn die Veranstaltung von Horst Schlämmer moderiert und einem Poetry-Schlamm-Wettbewerb flankiert würde: Für mich wäre das nichts. Mir ist das alles einfach echt too Matsch.

Das Faschingsvirus greift um sich

In diesen Wochen zeigt unsere Gesellschaft Ausfaller-scheinungen, die zu großer Besorgnis Anlass geben. Millionen Bürger wurden wieder, wie jedes Jahr, vom Faschingsvirus befallen. Die Infizierten leben dann in ihrer eigenen Welt, in der die Gesetze der Vernunft außer Kraft gesetzt sind. Sie bilden sich ein, es gebe eine fünfte Jahreszeit, bringen das öffentliche Leben durch Bildung sogenannter Gaudiwürmer durcheinander und wollen unbedingt mit anderen schunkeln. Sie erkennen staatliche Autoritäten nicht an und folgen stattdessen Sitzungspräsidenten oder Faschingsprinzen. Sie leben in Parallelgesellschaften mit eigener Gerichtsbarkeit, genannt Elferrat, und verleihen einander Orden. Manche treten paramilitärischen Einheiten wie der Ranzengarde bei und schrecken auch vor Gewalt nicht zurück, indem sie versuchen, Rathäuser zu stürmen. Einige Narren werden Opfer zwanghafter Reimsucht und gehen in die Bütt, andere rufen plötzlich ohne Vorwarnung seltsame Losungen wie „Helau" oder „Alaaf", wieder andere entwickeln Wahnvorstellungen und verkünden singend, es stehe ein Pferd auf dem Flur. Sobald das Faschingsvirus vom gesamten Körper Besitz ergriffen hat, stellen sich die Infizierten auf fahrende Lastwagen oder Traktoren und bewerfen Leute auf der Straße mit Bonbons, Fruchtgummi und Schokolade. Harmlose Sachbearbeiter halten sich plötzlich für Piratenkapitäne oder verkleiden sich als Gorilla oder Klodeckel. Diese Ausfallerscheinungen sind zum Glück zeitlich begrenzt. Wenn die Infektion abklingt, können sich alle dann wieder auf den normalen Irrsinn konzentrieren.

Draußen vor der Tür

Bücher können die Welt verändern. Im Jahr 1947 veröffentlichte Wolfgang Borchert sein Theaterstück „Draußen vor der Tür". Der Schriftsteller konnte nicht ahnen, dass er damit einen Megatrend vorausgesehen hatte, denn „Draußen vor der Tür" bedeutet nichts anderes als „Outdoor". Outdoor-Aktivitäten jeder Art sind heute zu jeder Jahreszeit schwer in Mode. „Outdoor ist in!", sagen die Trendforscher. Dann ist Indoor wohl out. Outdoor-Produkte kann man in „Outdoor-Outlets" kaufen oder auch in „Outdoor-Shops" – wenn man dies online tut, sogar indoor. Um Outdoor-Fans mit den nötigen Utensilien auszurüsten, gibt es eine eigene Messe, die „Out-Door". Dort stellen Outdoor-Hersteller ihre Produkte vor, zum Beispiel „Outdoor-Stiefel", „Outdoor-Jacken" und „atmungsaktive Outdoor-Schuhe". Ich hoffe, dass die Schuhe nicht allzu laut atmen und dann nachts anfangen zu schnarchen. Es gibt auch schon „Outdoor-Koffer" – was für eine grandiose Erfindung: Koffer, die man außerhalb der Wohnung benutzen kann. „Outdoor-Incentives" wiederum bieten eine „Kombination aus Outdoor- und Offroad-Erlebnissen". Offroad ist offenbar Outdoor für ganz Wilde. Angepriesen werden auch „Outdoor-Ausflüge" – wohl im Unterschied zu Ausflügen in der eigenen Wohnung – und „Outdoor-Naturerlebnisse". Die Natur ist ja meistens outdoor, es sei denn, man hat Kakerlaken in der Wohnung – oder einen Vogel. Die Produktvermarkter jedenfalls, die Outdoor-Koffer, Outdoor-Schuhe und Ähnliches anpreisen, haben sicher einen Riesenvogel. Das meine zumindest ich, der Outdoor dieses Textes.

Es lebe der Sport

Der Sport hat sich im Laufe der Jahrhunderte und Jahrtausende ständig weiterentwickelt und neue Leibesübungen hervorgebracht, wie zum Beispiel Baumstammwerfen, Zumba oder Frauenfußball. Manche Sportarten indes sind in Vergessenheit geraten, etwa das Lanzenstechen von Rittern („Ritter Sport"), während sich das Schienbeintreten im englischen Gloucestershire seit 1612 großer Beliebtheit erfreut. In England wurde auch das Extrembügeln (in Steilhängen oder auf Surfbrettern) erfunden. Vor allem die Finnen haben die Welt des Sports ungemein bereichert durch Wettkämpfe wie den Handyweitwurf, das Dauersitzen auf Ameisenhaufen, die Schlammfußball-WM oder das Melkschemelwerfen. Deutschland kann immerhin mit dem Nacktrodeln oder der Weltmeisterschaft im Bierfassrollen und Arschbombenspringen aufwarten. Eine herausragende sportliche Einzelleistung ist das im Guinnessbuch der Rekorde verzeichnete Wetthüpfen im Sack gegen ein Yak in der Mongolei. Reizvoll ist es auch, wenn aus unterschiedlichen sportlichen Disziplinen Neues entsteht, etwa das Kopfballtischtennis oder das Schachboxen, bei dem Schachspieler ihre Partien durch dreiminütige Boxrunden unterbrechen. Wir sind hier auf einem guten Weg und dürfen darauf vertrauen, dass sich diese Entwicklung fortsetzt – durch neue Crossover-Sportarten wie Eiskunstmarathonlauf, Nordic Football (mit Stöcken), Dressurrodeln oder Wasserskilanglauf. Dann dauert es bestimmt nicht mehr lange, bis boxende und Schach spielende Kängurus gegen Extrembügler aus der Mongolei im Sackhüpfen antreten.

Service ist unser Auftrag

In einem Selbstbedienungsrestaurant hole ich das Essen selbst an der Theke. In einem regulären Restaurant erwarte ich, bedient zu werden. Wer Bankgeschäfte nur im Internet erledigt, verzichtet auf den Kontakt mit einem menschlichen Gegenüber. In der Filiale einer Bank stehen Mitarbeiter für Kunden bereit. Man kann wählen. Service ist unser Auftrag, hieß es einst. Ich war auf der Bank, wollte bei der Gelegenheit einen Dauerauftrag ändern. Die freundliche Mitarbeiterin sagte, das könne ich selbst am Automaten eingeben. Ich erwiderte, ich zöge ihre Gesellschaft der des Automaten vor – auch zum Zwecke der Erhaltung ihres Arbeitsplatzes. Kurz darauf war ich am Flughafen. Mit dem E-Ticket druckte ich mir die Bordkarte selbst aus. Am Check-in-Schalter war aber auch niemand mehr, nur ein Automat. Ich fütterte ihn, wie befohlen, mit Buchstaben und Zahlen, er spuckte die Gepäckbanderole aus, und ich schob meinen Koffer selbst aufs Laufband. Das Konzept leuchtet mir ein. In der Kneipe wird man bald nach Eingabe eines Zahlencodes das Bier am Tresen selbst zapfen. Beim Zahnarzt liegt der Bohrer bereit, sobald ein Stuhl frei wird, darf man selbst loslegen. Im Krankenhaus werden größere Operationen natürlich weiterhin von Chirurgen vorgenommen. Kleinere Eingriffe wie eine Darmspiegelung oder Blinddarmentfernung aber können Patienten bald schon in Eigenregie durchführen. Das ist ein Fortschritt. Ich finde, der Servicegedanke wird überschätzt. Vermutlich werden uns demnächst, wenn wir Eier kaufen wollen, die Hühner sagen, wir sollen sie selbst legen. Sie zeigen uns aber vorher, wie es geht.

I kehr for you

Wenn Sie Ihren Frühjahrsputz noch nicht erledigt haben, dann wird es jetzt aber höchste Zeit. Ein kleiner Tipp: Mit Musik geht alles leichter. Deshalb einige Vorschläge, mit welchen Hits Ihnen der Frühjahrsputz am besten gelingt. Da es beim Reinemachen vor allem ums Kehren, Putzen und Wischen geht, empfehle ich als musikalische Begleitung zum Putzen die Titel „Putze radio on" (Lana del Rey), „Putze blame on me" (Eurythmics) und „Putze finger on you" (AC/DC). Beim Kehren wiederum sind Hymnen der Arbeitsverweigerung wie etwa „Why should I kehr" (Diana Krall), „Baby I don't kehr" (Motörhead) oder „They don't kehr about us" (Michael Jackson) einer erfolgreichen Bewältigung Ihres Arbeitspensums eher nicht förderlich. Das Kehren geht Ihnen aber ganz leicht von der Hand, wenn Sie Titeln lauschen wie „Handle with kehr" (Traveling Wilburys), „I kehr" (Beyoncé), „I kehr for you" (Usher) oder „My baby just kehrs for me" (Nina Simone). Nach dem Kehren steht bekanntlich das Wischen an. Hierfür als Begleitmusik besonders gut geeignet: „Wisch" (Reamonn), „One wisch" (Whitney Houston), „One wisch music" (Roxette), „Make 5 wisches" (Avril Lavigne), „She makes me wisch" (Pyogenesis), „A secret wisch" (Propaganda), „Wisch you were here" (Pink Floyd) oder „Wisching well" (Terence Trent D'Arby). Außerdem natürlich „Body wisches" (Rod Stewart), das Lied für den Ganzkörpereinsatz, und „How I wisch" (Keith Richards) als Anregung für ausgefallenere Techniken. Am effektivsten aber wirkt, und das ist sowieso eines meiner Lieblingslieder: „I wisch" von Stevie Wonder.

Wundersame Wanderfreunde

Zum Deutschen Wandertag werden bis Montag rund 40 000 Wanderfreunde aus ganz Deutschland im Paderborner Land erwartet. Fast 50 Millionen Deutsche schnüren regelmäßig ihre Wanderschuhe, berichtet der Präsident des Deutschen Wanderverbandes mit dem schönen und passenden Namen Hans-Ulrich Rauchfuß. Und welche neuen Wandertrends gibt es? Neben dem Bergwandern, Barfußwandern, Nacktwandern und Krötenwandern setzen sich neuerdings auch das Einwandern und Auswandern sowie die Seelenwanderung durch. Nach dem Erfolg von Büchern und Filmen wie „Die Rache der Wanderhure" und „Das Vermächtnis der Wanderhure" wird auch das Hurenwandern immer beliebter, wie der Führer „Die schönsten Wanderwege der Wanderhure" beweist. Schwer im Kommen ist neben dem Sportwandern auch das Getränkewandern, vor allem das Coffee-to-go-Wandern. Das ist eine ganz neue Disziplin, bei der Wanderer in Gruppen mit einem Becher Kaffee in der Hand auf das Kommando „Coffee to go" hin loslaufen. Das Coffee-to-go-Wandern gibt es auch in den Varianten Coffee-to-go-Barfußwandern und Coffee-to-go-Nacktwandern. Besonders sportliche Freunde dieser Disziplin können sich auch im Coffee-to-go-Staffellauf versuchen, bei dem der Pappbecher Kaffee jeweils nach einer bestimmten Etappe nach vorne durchgereicht wird. Im Bereich des Getränkewanderns wird auch das Nordic Walking weiterentwickelt: Whisky-Freunde unter den Nordic Walkern können sich mit der entsprechenden Verpflegung als Nordic Johnny Walker auf den Weg machen.

Lachen als Beitrag zum Weltfrieden

Mit dem Lachen ist es so: Manche finden Loriot lustig, andere kriegen sich gar nicht mehr ein, wenn Jan Böhmermann etwas über den türkischen Präsidenten Erdogan und eine Ziege erzählt, oder wenn Didi Hallervorden sagt: „Palim Palim, ich hätte gern eine Flasche Pommes frites." Verschiedene Menschen finden nun mal unterschiedliche Dinge lustig. Es gibt aber auch solche, die ohne Grund lachen. Das sind die Jünger des indischen Lach-Gurus Madan Kataria, des Erfinders des Weltlachtags, der an diesem Sonntag gefeiert wird. Katarias Lach-Yoga funktioniert so: Menschen finden sich in Gruppen zusammen, klatschen in die Hände und lachen laut los. Zu den Übungen gehört es auch, wie ein Pinguin herumzulaufen und die Zunge herauszustrecken. Für Lach-Guru Kataria ist Lach-Yoga ein „Beitrag zum Weltfrieden". Wie lässt sich seine Philosophie mit anderen Humorströmungen zum Wohle der Menschheit verschmelzen? Folgender Vorschlag: Didi Hallervorden klingelt bei Erdogan und sagt: „Palim Palim, ich hätte gern eine Flasche Pommes frites." Erdogan streckt darauf die Zunge heraus und lacht laut los. Sodann macht Jan Böhmermann einen Witz darüber, was Erdogan mit einer Flasche Pommes frites anstellt, die Zuschauer klatschen in die Hände und lachen ohne Grund. Auch wir wollen einen Beitrag zum Weltfrieden leisten. Wir schaffen daher diese Glosse wohl demnächst ab und gründen stattdessen Lach-Yogagruppen. Sie können sich dann auf Facebook Videos von Redakteuren dieser Zeitung ansehen, die die Zunge herausstrecken und wie Pinguine herumlaufen. Es wird super.

Yoga für alle

In der indischen Lehre des Yoga geht es im weitesten Sinne darum, Körper, Geist und Seele in Einklang zu bringen. In der Bhagavad-Gita heißt es: „Der Yogi soll beständig sich mühen in der Einsamkeit – allein, bezähmend Sinn und Selbst, nichts hoffend, ohne Besitz." Im modernen Yoga westlicher Ausprägung nähert man sich diesem Themenkomplex etwas unverkrampfter. Inzwischen gibt es bizarre Yoga-Varianten, zum Beispiel Stand-up-Paddel-Yoga. Oder Fahrrad-Yoga – eine Übung, bei der der Körper unter Verrenkung der Beine mit Geist, Seele und Verkehr zur Einheit finden soll. Beim Wut-Yoga fluchen und brüllen die Teilnehmer nach einem Moment der Stille, um inneren Frieden zu finden. Beim Bier-Yoga wiederum wird die Philosophie des Yoga mit der Freude am Biertrinken kombiniert, um so höhere Bewusstseinszustände zu erreichen. Das klingt alles schon sehr gut, doch sind die Möglichkeiten, die Yoga bietet, noch längst nicht ausgereizt. Ich warte jetzt auf das Fernseh-Yoga, bei dem sich Zuschauer durch extrem dumme Sendungen paralysieren, das Gehirn ausknipsen und in Trance versetzen lassen. Oder das Nordic-Walking-Yoga, bei dem die Teilnehmer im Lotussitz auf einer Wiese sitzen und sich dann mit ihren Walkingstöcken Stück für Stück vorwärtsschieben. Oder das Idioten-Yoga, eine Verschmelzung von Bier-, Fahrrad- und Wut-Yoga: Teilnehmer betrinken sich zuerst, fallen dann betrunken vom Rad und fangen nach einem Moment der Besinnung auf einem Bein stehend zu fluchen an. Davon hätten indische Yogis vor 2000 Jahren nicht einmal zu träumen gewagt.

Die neuesten Trends für den Kopf

In Nürnberg werden gerade die „neuesten Trends für den Kopf" vorgestellt. Dabei geht es allerdings nicht um Gehirnakrobatik, sondern: um Frisuren. Auf der Messe „Haare 2015" stehen die Trends für Herbst und Winter im Fokus. Dieter Schöllhorn, Kreativdirektor der Friseurinnung, hat die Losung ausgegeben: „Der Lässig-Look der vergangenen Jahre wird abgelöst von definierten Frisuren." Die modebewusste Frau trägt ihre Haare demnach streng und glatt oder rockig hochtoupiert. Männer haben sehr kurze Schnitte, und der Bart, so der Kreativdirektor, „ist ein Must-Have im Herrenbereich". Was nicht gar. Ich aber blicke noch weiter voraus und sage euch schon heute, welche Frisuren 2016 angesagt sein werden. Die modebewusste Frau trägt den Dutt seitlich, und zwar beidseitig über den Ohren, also einen Doppeldutt. Der Irokesenschnitt ist 2017 noch verpönt, aber 2018 dann schon ein Must-Have für Businessfrauen. Das hat die Friseurinnung so festgelegt. Die stilbewusste Dame darf sich die Haare aber auch brezelförmig flechten. Der modebewusste Herr trägt die Haare dagegen glatt und bis zum Hintern. 2019 wird dann der Wischmob-Style obligatorisch: Die Frau zeigt sich vertrottelt, pardon: verzottelt, danach ist dann wieder die brave Ponyfrisur angesagt. Für Männer ist ein Pony ein No-Go: Sie dürfen stattdessen den Pferdeschwanz vorne tragen, also über dem Gesicht natürlich. Das Jahr 2020 steht dann wieder im Zeichen streng definierter Frisuren wie Bob, Afrolook, Betondauerwelle und Topfschnitt mit Strähnchen. Das gilt aber nur bis Ende des Jahres. Und dann geht alles wieder von vorne los.

Suche nach der verlorenen Zeit

Es ist wieder soweit: In der Nacht von Samstag auf Sonntag werden die Uhren um 2 Uhr um eine Stunde auf 3 Uhr vorgestellt. Laut einer Umfrage der Krankenkasse DAK sind 73 Prozent der Deutschen für eine Abschaffung der Sommerzeit. Viele Befragte gaben an, die Zeitumstellung mache sie müde, schlapp, gereizt oder gar depressiv verstimmt. Unbestritten ist: Die Zeitumstellung bringt den Biorhythmus durcheinander. Das ist ein großes Problem. Viele Deutsche haben nämlich überhaupt kein Biorhythmusgefühl und kommen restlos aus dem Takt, wenn sie ihren Biorhythmus plötzlich von Walzer auf Techno oder Pogo umstellen sollen. Auch der Biorhythmus vieler Tiere wird empfindlich gestört. Singvögel verpassen im Morgengrauen ihren Einsatz, nachtaktive Tiere wie Uhus oder Katzen gehen erst eine Stunde später schlafen, weil ihnen niemand mitgeteilt hat, dass die Uhren eine Stunde vorgestellt wurden – und fühlen sich dann natürlich müde, gereizt und depressiv verstimmt. Auch Wanderkröten werden durch die Zeitumstellung auf eine harte Probe gestellt: Sie springen am Sonntag früh kurz vor 2 Uhr gut gelaunt auf eine Straße, um sie zu überqueren, und stellen um 3 Uhr verärgert fest, dass sie noch kein Stück vorangekommen sind. Allerdings hat die Sommerzeit auch positive Effekte: US-Präsident Donald Trump wird es in der Nacht zum Sonntag zwischen 2 Uhr und 3 Uhr mitteleuropäischer Zeit nicht gelingen, eine seiner berüchtigten Zwitschermeldungen abzusetzen. Außerdem ist es ab Sonntag am Abend jetzt heller. Nur leider nicht im Kopf von Donald Trump.

Eimer für alle

Lehren heiße, ein Feuer zu entfachen, und nicht, einen leeren Eimer zu füllen, meinte der griechische Philosoph Heraklit. Dennoch hat das vielleicht seltsamste Phänomen dieses an Seltsamkeiten reichen Jahres mit gefüllten und geleerten Eimern zu tun. Im Spätsommer ließen sich plötzlich alle möglichen Leute einen Eimer eiskaltes Wasser über den Kopf schütten und dabei filmen, um die Videos dann ins Netz zu stellen. Bei der Ice Bucket Challenge (Eiskübel-Herausforderung) ging es um die Sammlung von Spenden, wobei der gute Zweck in der allgemeinen Gemengelage zwischen Selbstdarstellungsdrang und Mitmachwahn mit dem ausgeschütteten Eiswasser im wahrsten Sinne des Wortes mitunter verschüttging. Nach dem Motto „Eimer für alle" wird es, inspiriert von der Ice Bucket Challenge, im neuen Jahr weitere Mitmach-Aktionen geben. Die Paper Basket Challenge (Papierkorb-Herausforderung) wird der Renner in vielen Büros werden: Dabei leert man den Papierkorb über seinem Kopf aus und stülpt sich das leere Behältnis dann über denselben – oder über den eines Kollegen. Dann wird die Bottom on Bucket (Arsch auf Eimer) Challenge für Aufsehen sorgen. Dabei kann jeder Arsch, der sich auf einen Eimer setzt, dabei filmen lässt und die Fotos auf Facebook verbreitet, drei weitere Ärsche nominieren, mit der Aufforderung, es ihm gleichzutun. Gegen Ende des neuen Jahres wird dann die Hot Chocolate Challenge schwer angesagt sein. Dabei wird niemand begossen, sondern die Teilnehmer steigen mitten in die Flüssigkeit hinein und können sich dann stundenlang durch den Kakao ziehen lassen.

Gipfelstürmer und Erstbesteiger

Heute vor genau 40 Jahren wurde ein neues Kapitel in der Geschichte des Bergsteigens aufgeschlagen: Am 16. Mai 1975 gelang es der Japanerin Junko Tabei als erster Frau, den Gipfel des Mount Everest zu besteigen. Frau Tabei trug damals noch eine 7,5 Kilo schwere Sauerstoffflasche mit sich. Sauerstoffzufuhr ist in diesen Höhenlagen wichtig, damit Gehirnzellen nicht absterben und das Denkvermögen nicht beeinträchtigt wird. Seit der Erstbesteigung einer Frau, anders: der Erstbesteigung des Mount Everest durch eine Frau ging es mit den Besteigungen – ob von Frauen oder von Männern – wild durcheinander. Der jüngste Besteiger war 2010 ein 13-jähriger Amerikaner, der älteste 2013 ein 80-jähriger Japaner. Am 23. Mai 2010 kam es sogar zu einem Stau auf dem Mount Everest, als 169 Bergsteiger den Gipfel erreichten. Man kann sich ausmalen, wie es weitergeht. Bald wird eine Mountainbiketour auf den Mount Everest führen, dann folgt ein Wettbewerb im Sackhüpfen bis nach oben. Im Anschluss wird eine Seniorengruppe aus Garmisch-Partenkirchen mit Nordic-Walking-Stöcken auf den Gipfel marschieren und von einer Japanerin, die als erste Frau auf Stöckelschuhen den Berg bezwingt, seitlich überholt. Schließlich werden Gläubige unter dem Motto „Ehre sei Gott in der Höhe" ein Hochamt in 8848 Metern Höhe feiern. Auch Deutschlands Spitzenmodel soll beim neuen Finale von „Germany's next Topmodel" auf der Bergspitze gekürt werden – in der Hoffnung, dass das Denkvermögen Heidi Klums und aller Teilnehmer dank der mitgeführten Sauerstoffflaschen deutlich verbessert wird.

Die Kunst des Fastens

Einer Umfrage zufolge hat jeder zweite Deutsche schon einmal gefastet. Diese Art der Entsagung muss nicht im Glauben begründet sein. Religiöses Fasten dagegen, erklärt der Freiburger Philosoph Andreas Urs Sommer, brauche „einen Überbau, der über das eigene Tun hinausweist". Den einen geht es beim Fasten darum, spirituell ihre innere Mitte zu finden, anderen genügt es, durch den Verzicht auf Süßigkeiten und Alkohol den Überbau um die eigene Körpermitte herum zu reduzieren. Neben bereits etablierten Techniken wie Wanderfasten oder Handyfasten gibt es immer wieder neue Trends, wie etwa Yogafasten. Im Zeitalter von Fake News wird auch das Fake-Fasten immer beliebter: Die Kalorien werden einfach nicht mitgezählt, durch alternative Fakten wird den Teilnehmern eine „großartige Gewichtsabnahme" bescheinigt. Für Teilzeit-Entschlacker bietet sich das After-Work-Fasten an, das heißt: Frühstück, Kantinenessen und eine Brotzeit zwischendurch bleiben erlaubt. Schwer angesagt ist inzwischen auch das Fasten 4.0: Hier kommunizieren durch intelligente Vernetzung die Hirnanhangdrüse mit der Fettverbrennungsmaschine, wobei die Gewichtsreduzierung zusätzlich durch einen Shitstorm forciert werden kann. Der Magen wird so programmiert, dass er nur noch Gemüsebrühe speichert, oder er schaltet eine digitale Fress-Sperre ein, die ein analoges Völlegefühl aktiviert. Sehr religiöse Mägen sind natürlich gegenüber rein säkularen Verdauungsorganen deutlich im Vorteil: Sie kommen dank ihres Überbaus, der über das eigene Tun hinausweist, mit rein spiritueller Nahrung aus.

Frühjahrsputz für die Seele

Im Herbst und Winter legt sich ja oft ein dunkler Schleier über die Seele, man weiß dann nicht so genau, ob das Leben noch einen Sinn hat und macht, ehe man sich dessen recht gewahr wird, mit den finstersten Stimmungen Bekanntschaft. Dann aber kommt der Frühling, die Sonne scheint durch die verschmierten Fenster, und man glaubt zu spüren, dass das Leben vielleicht doch ganz putzig ist. Das ist die Zeit des Frühjahrsputzes. Da das Putzen eine gründliche Herangehensweise erfordert, reicht es aber nicht, nur zu saugen, die Fenster zu putzen und in den Ecken zu wischen. Nein, auch die Seele will gereinigt sein. Der Psychotherapeut Dr. Udo Baer rät daher laut „Apotheken-Umschau" zu einem „Frühjahrsputz für die Seele". Leider bleibt der Psychodoktor aber, was die praktische Umsetzung anbetrifft, sehr vage. Ich meine: Gewiss ist es nicht ratsam, die Seele mit Wurzelbürsten oder scharfen Putzmitteln zu traktieren, denn das führt oft zu seelischen Verletzungen. Auch für einen Vollwaschgang ist die Seele eher ungeeignet, da man nicht genau weiß, wo sie sitzt und sie daher nur schlecht aus dem Körper herausnehmen kann. So es doch gelingt, empfiehlt sich – da die Seele nach Auskunft von Clemens von Alexandria feinstofflicher Natur ist – die Handwäsche mit einem schonenden Feinwaschmittel. Man kann aber auch einmal pro Woche eine Seelenputzfrau kommen lassen, das lässt sich dann sogar von der Steuer absetzen. Am besten ist es natürlich, die Seele eine Zeit lang dem Fegefeuer zu überlassen – dann ist sie für alle Zeiten rein, und man spart sich den jährlichen Frühjahrsputz.

ZEIT ZUM RUNTERKOMMEN

FEIERTAGE UND RITUALE

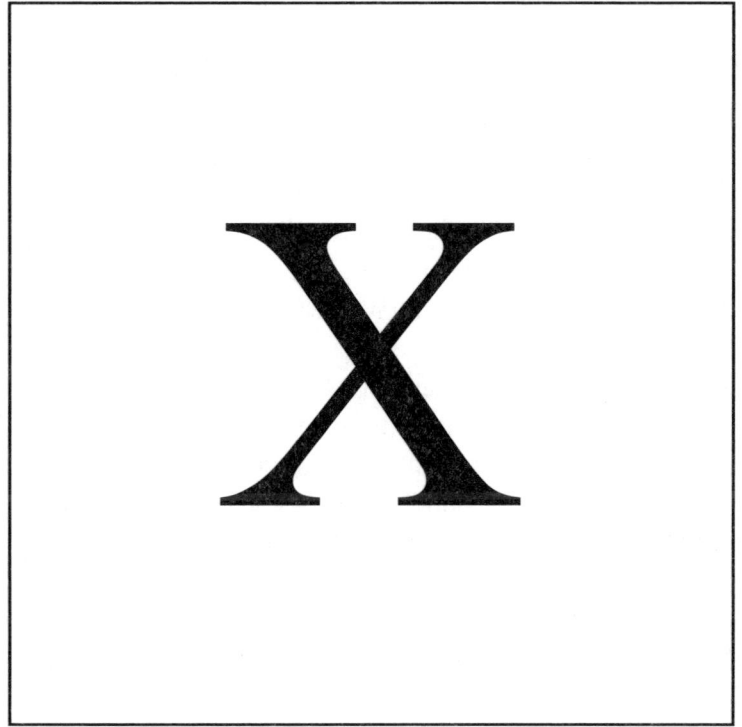

„Halb besoffen ist rausgeschmissenes Geld."
(Almuth Schult)

Ein Herz für Christbäume

Die Weihnachtsgans kann man mit gutem Gewissen nur genießen, wenn sie in jener Zeit ihres Lebens, als sie noch kein Braten war, freien Auslauf hatte und fair behandelt wurde. Artgerecht gehaltenes Geflügel: Hier sind die Deutschen sensibilisiert. Aber wie gehen wir mit Christbäumen um? In diesen Tagen ist wieder oft zu hören, dass Christbäume geschlagen werden. Es ist ein Skandal, über den sich niemand aufregt. Immer wieder im Dezember beginnt das große Christbaumschlagen. Manche schlagen ihren Baum selbst – und gehen mit der Axt in der Hand auf ihn los. Andere, die sich ihre Hände nicht schmutzig machen wollen, lassen ihren Christbaum schlagen, bevor sie ihn ins Wohnzimmer stellen. Meist werden Christbäume im Wald geschlagen, wo ganze Schlägertrupps ihrem verabscheuungswürdigen Handwerk nachgehen. Das hat doch mit dem Fest der Liebe nichts zu tun! Warum schreitet niemand dagegen ein? Der lobenswerte Appell, Christbäume nicht zu schlagen, sondern sich einen freilaufenden Baum aus artgerechter Haltung ins Wohnzimmer zu stellen, der nach den Feiertagen wieder in den Wald zurücklaufen kann, findet leider nur wenig Widerhall. Daher ist ein hartes Durchgreifen gefordert: Jugendliche Christbaumschläger gehören ins Erziehungsheim, erwachsene Christbaumschläger gleich hinter Schloss und Riegel. Wer Christbäume schlägt, hat keine Argumente und flüchtet sich in stumpfsinnige Gewalt. Es gibt sicher auch andere Möglichkeiten, mit Christbäumen ins Gespräch zu kommen und sie zu einem Stelldichein im heimischen Wohnzimmer zu überreden.

Die hippe Krippe

Ein US-Onlinehändler bietet eine moderne Variante der Weihnachtskrippe an und preist sie als „coolste Krippe überhaupt". In der Hipster-Krippe mit dem Namen „Hipster Nativity Set" trägt Josef ein Jeanshemd und macht ein Selfie von Frau und Kind, Maria hält derweil einen Coffee-to-go-Becher in der Hand. Die Heiligen Drei Könige kommen, wie es heißt, „gestylt" zu Jesu Geburt und tragen „Hipster-Outfit", also „stylische" Bärte, seltsame Kopfbedeckungen, unförmige Brillen – was für Hipster eben Pflicht ist. Sie rollen auf Segways zum Stall und haben wie moderne Paketboten ihre Gaben in Kartons unter dem Arm. So weit, so gut. Wie kann man das noch optimieren? Auf keinen Fall darf eine alte Hippe in der hippen Krippe stehen. Man sollte Josef nicht nur ein Smartphone, sondern auch eine Selfiestange in die Hand geben, dann bekommt er nicht nur die Heilige Familie, sondern sogar noch Ochs und Esel auf das Foto mit drauf. Und über welche drei Geschenke würde sich Jesus freuen? Anstelle von Gold, Myrrhe und Weihrauch gewiss über ein Smartphone, ein Tablet und ein Breitbandkabel direkt zum Stall von Bethlehem. Noch hipper wären die Heiligen Drei Könige, wenn sie neben einem Smartphone in der einen Hand ein Smoothie oder einen Coffee-to-go-Becher in der anderen hielten. Überhaupt sollten sie ihre Gaben für das Jesuskind nicht auf Segways transportieren, sondern durch eine Drohne ausliefern lassen. Dann müssten sie auch nicht mehr persönlich erscheinen, sondern könnten auf die Nachricht von der Geburt Christi bei Facebook einfach den Gefällt-mir-Button drücken.

Glaube und Brauchtum

Zeitgleich mit dem Reformationstag wird am Montag wieder das Grusel- und Kürbisfest Halloween gefeiert. Im Mittelpunkt des Reformationstags steht der Reformator Martin Luther, der verkündete: „Hier stehe ich, ich kann nicht anders." Im Mittelpunkt von Halloween steht der Kürbis. Wie hängt das zusammen? Am Reformationstag schlug Luther seine 95 Thesen an die Tür der Schlosskirche zu Wittenberg, worauf vielen ein Licht aufging. Das in einem ausgehöhlten Kürbis aufgestellte Licht wiederum geht auf einen alten Brauch zurück und soll böse Geister vertreiben. Der Kürbis ist dabei vielseitig einsetzbar: Während Kinder Kürbisfratzen beleuchten und sich gruselig verkleiden, schockieren Erwachsene ihre Gäste mit gruseligen Kürbissuppen. Der hohle Kürbis ist ferner ein Symbol für die fortschreitende Aushöhlung vieler Köpfe im Zeitalter der Neuen Medien und erinnert durch die in ihm brennende Kerze daran, dass im Internet auch Hirnverbranntes größte Aufmerksamkeit erfährt. Kirchliche Kürbiskritiker klagen, dass Halloween den Reformationstag überstrahle. Aber will uns der leuchtende Kürbis nicht auch lehren, dass in unserem weltoffenen Land unterschiedliche Traditionen gut nebeneinander bestehen können? Ja, das will er. So wie Luther am Reformationstag mit seinen 95 Kürbissen, falsch: Thesen vor der Tür der Wittenberger Schlosskirche stand, so stehen Kürbisse an Halloween – zwar ohne Thesen, dafür aber mit Beleuchtung – vor Haustüren. Und was will uns der Kürbis damit sagen? Er verkündet uns wie Luther die Botschaft: Hier stehe ich, ich kann nicht anders.

Zeit zum Runterkommen

In der Weihnachtszeit kommen allerlei Gestalten auf uns zu – und sie kommen aus unterschiedlichen Richtungen, wie wir aus der Überlieferung ersehen können. So sagt eine: „Von drauß' vom Walde komm ich her", und eine andere: „Vom Himmel hoch, da komm ich her". Letzteres verkündet der Engel in Martin Luthers Weihnachtslied, Ersteres Knecht Ruprecht in einem Gedicht Theodor Storms. Abwegig wäre die Vorstellung, dass der Weihnachtsengel verkündet: „Ich glaub', ich steh im Wald. Ich muss euch sagen, es weihnachtet sehr!" Die deutsche Glühweinkönigin wiederum ist weder im Himmel noch im Wald, sondern in Trier daheim. Sie schätzt das gemütliche Beisammensein in den Wochen vor dem Fest und sagt mit Blick auf Weihnachten: „Es ist für mich eine Zeit zum Runterkommen." Und damit hat sie zweifellos recht. Das Runterkommen ist das, was den Kern des Festes ausmacht. Daher heißt es auch: „Alle Jahre wieder kommt das Christuskind auf die Erde nieder". Es kommt also ebenfalls runter, auch wenn es, genauso wenig wie der Verkündigungsengel, wohl niemals sagen würde, Weihnachten sei für es die „Zeit zum Runterkommen". Nein, es kommt „zur Erde nieder". Im Unterschied zur Glühweinkönigin, die allenfalls dann zur Erde niederkommt, wenn sie dem von ihr propagierten Getränk zuvor allzu sehr zugesprochen hat. Wie auch immer: Selbst wer nicht daran glaubt, dass alle Jahre wieder das Christkind auf die Erde niederkommt und dennoch in diesen Tagen den Blick erwartungsfroh nach oben richtet, kann nach Trier fahren: Dort kommt zumindest die Glühweinkönigin runter.

Lobet den Herrn

Obschon wir an Ostern die Auferstehung des Herrn feiern, haben sich im Lauf der Jahrhunderte Rituale sonder Zahl herausgebildet, die mit dem eigentlichen Wesenskern dieses Festes nicht immer zu hundert Prozent deckungsgleich sind. So erfährt etwa der Osterhase eine weit größere Beachtung als das Osterlamm – eine Entwicklung, an der der Heilige Ambrosius, der den Hasen einst als Auferstehungssymbol deutete, vielleicht nicht ganz unschuldig ist. In Australien dagegen bringt nicht der Osterhase, sondern ein känguruartiges Beuteltier, nämlich der Kaninchennasenbeutler Bilby, die Ostereier. Die katholischen Iren feiern das Ende der Fastenzeit mit einer symbolischen Heringsbeerdigung. In Polen machen sich junge Leute zu Ostern mit Spritzpistolen oder gar Eimern voller Wasser nass. Briten lassen an Ostern bunt gefärbte Eier von einem Hügel kullern. Die Glaubenstiefe dieses Brauches ist unter Theologen umstritten. Hierzulande ist nun zu Ostern eine CD mit dem Titel „Lobet den Herrn" erschienen, die laut Hersteller „klangvoll auf das Osterfest einstimmt". Auf dem Cover der Scheibe ist aber ein Weihnachtsmotiv abgebildet mit Maria und dem Jesusknaben in der Krippe, dazu hält Josef eine Laterne. Auf der Hülle der nächsten Weihnachts-CD ist dann vermutlich ein Osterhase abgebildet, oder bunt bemalte Eier liegen in einer Krippe. Und statt Ochs und Esel steht dort ein Kaninchennasenbeutler. Oder das Jesuskind liegt gar im Osternest, während sich im Hintergrund junge Polen mit Spritzpistolen beschießen und ein Hering zu Grabe getragen wird. Man muss heute mit allem rechnen.

Und es ward Licht

Liebe Brüder und Schwestern, in der Heiligen Schrift steht geschrieben: „Und Gott sprach: Es werde Licht! Und es ward Licht. Und Gott sah, dass das Licht gut war." An Weihnachten werden dieses Jahr 17 Milliarden Lämpchen in Deutschland für eine festliche Stimmung sorgen. Das hat der Ökostromanbieter LichtBlick in einer Umfrage herausgefunden. 17 Milliarden Lämpchen – das sind fast doppelt so viele wie im Vorjahr, und da ist das Licht im Kühlschrank noch gar nicht mitgezählt. Weihnachtshäuser mit extremer Beleuchtung, Lichterketten und blinkenden Figuren im Garten sind inzwischen ein deutschlandweites Phänomen. Da Buddha als Gartenfigur hier heimisch geworden ist, sitzt zwischen illuminierten Weihnachtsmännern, Rentieren und womöglich Meister Lampe oft auch schon der Erleuchtete zwischen Zehntausenden Lichtern. Und wenn du denkst, es geht nicht mehr, kommen von irgendwo noch mehr Lichtlein her: Ein Weihnachtshaus im niedersächsischen Calle wird gar von 530 000 Lichtern beleuchtet. Es steht aber auch geschrieben, dass Gott das Licht von der Finsternis schied. Bringt der Mensch dieses bewährte Konzept mit seinen Lichterketten und dem allgegenwärtigen Horst Lichter nicht durcheinander? Und kann Gott das gewollt haben? Wir wissen es nicht und vermögen es theologisch hier nicht mit letzter Gewissheit zu entscheiden. Ich aber sage euch: Wenn euer Nachbar euer Haus oder gar euch selbst als unterbelichtet bezeichnet, so heißt ihn nicht kaltherzig einen Armleuchter. Denn er hat gewiss, so wie manch andere, nur etwas an der Birne.

Amtliche Anleitung zum Weihnachtsfest

Auch weihnachtliches Brauchtum muss korrekt benannt werden. Der Begriff „Jahresendflügelfigur" für Weihnachtsengel hat hier Maßstäbe gesetzt. Ebenso die EU, die die Kerze bezeichnet als Produkt, das „aus einem oder mehreren Dochten besteht", die von einer „festen oder halbfesten Brennmasse gestützt werden". In Bezug auf den Weihnachtsbaum bleibt festzustellen: Bei dem auf einer forstwirtschaftlichen Nutzfläche erzeugten Nadelholzgewächs darf nach seiner Verbringung ins Wohnzimmer mittels einer Säge eine Größenanpassung vorgenommen werden. Ist das Nadelholzgewächs ordnungsgemäß in der hierfür vorgesehenen Nadelholzgewächsverankerungsvorrichtung fixiert, muss es mit weihnachtlichem Behang, Produkten aus einem oder mehreren Dochten sowie Jahresendflügelfiguren versehen werden. An Heiligabend nimmt die Familie vor dem Nadelholz Aufstellung zum Abhören von Tonkonserven unter zeitgleichem Absingen von Liedgut weihnachtlichen Inhalts. Im Anschluss ist unverzüglich die Vergabe von in handelsüblichem Geschenkglanzpapier verpackten Konsumgütern an anwesende daselbst wohnhafte sowie angereiste auswärtige Familienmitglieder ersten und zweiten Grades vorzunehmen. Nach der gemeinschaftlichen Einverleibung fester und flüssiger Nahrung ist der Blick in ein Televisionsgerät sowie der Besuch einer Eucharistiefeier zwecks Beiwohnung beim Vollzug religiöser Kulthandlungen unabdingbar. Wird diesen Bestimmungen Folge geleistet, kann die ordnungsgemäße Durchführung des Christfestakts von Amts wegen als vollzogen betrachtet werden.

Die vier Heiligen Drei Könige

Brauchtum muss in dieser Zeit, in der politisch korrektes Verhalten so wichtig ist, immer wieder neu überprüft werden. Nach dem Sinterklaas mit seinen Schwarzen Pieten in den Niederlanden sind nun in Spanien die traditionellen Dreikönigsumzüge ins Zwielicht geraten. Die Heiligen Drei Könige fahren dort auf Prunkwagen durch die Stadt und werfen mit Bonbons um sich. Das ist aber nicht das Problem, sondern dass kein „echter Schwarzer", sondern ein schwarz angemalter Weißer den König Balthasar darstellt – und dass keine Frau unter den Heiligen Drei Königen ist. In Madrid soll daher nun eine Frau einen der Heiligen Drei Könige darstellen – als Mann verkleidet und mit einem Bart. Das aber geht nicht weit genug. Es sollte künftig immer eine Königin dabei sein, und zwar eine ohne Bart. Caspar, Melchior und Balthasar brauchen auch neue Namen, die moderner klingen. Ein Kevin wäre gut, und die heilige Dreikönigin könnte vielleicht Mandy heißen. Ein „echter Schwarzer" sollte immer Teil des Trios sein, oder ein Träger anderer Hautfarben – warum nicht mal ein Indianer? Oder noch besser eine Indianerin. Und wenn es Streit um die Besetzung des Trios gibt, könnte es statt drei auch mal vier Heilige Könige geben. Das wäre im Sinne der Gleichberechtigung und politischen Korrektheit sowieso am besten: vier Heilige Drei Könige, Kevin, Mandy, Nscho-tschi und ein „echter Schwarzer" oder gleich ein „wunderbarer Neger" (Bayerns Innenminister Joachim Herrmann), also zwei Männer und zwei Frauen, meinetwegen auch eine Frau mit Bart, dann ist dieses vierköpfige Trio fit für die Zukunft.

Musikalische Osterbotschaften

Der Wissenschaftler Michael Fischer, Direktor des Zentrums für Populäre Kultur und Musik an der Universität Freiburg, hat festgestellt, dass Ostermotive nicht nur in Kirchenliedern, sondern auch in modernen Popsongs zu finden sind. Als Beispiel nennt er etwa Conchita Wursts Song „Rise Like a Phoenix", da der Phönix als mythischer Vogel ein Symbol für Unsterblichkeit und Auferstehung ist. Auch die DDR-Hymne „Auferstanden aus Ruinen" steht laut Fischer trotz ihres sozialistischen Kontexts „mit dem utopischen Gedanken des Osterfests in Verbindung". Das ist klug beobachtet, aber nicht sauber zu Ende gedacht, denn auch das Osterei ist als Symbol des Lebens und der Fruchtbarkeit ein zentrales Motiv im populären Song. So verkündet etwa das geistliche Lied „Klingelingeling, klingelingeling, hier kommt der Eiermann" von Klaus & Klaus eine noch über Phönix und den Osterhasen hinausweisende frohe Botschaft, gleichsam als Widerhall der tiefen Freude über die Ankunft des Guten und Erlösenden. Die durch das Ei verkörperte Liebe als spirituelle Erfahrung wird theologisch greifbar in Whitney Houstons beliebtem Osterlied „Ei will always love you", während Johnny Cashs Klassiker „Ring of Eier" dem von Eiern gebildeten Kreis als Sinnbild des ewigen Lebens musikalisch Gestalt gibt. Als das moderne Osterlied schlechthin aber darf der Doors-Song „Light my Eier" betrachtet werden, da er die Eier als Lebenssymbole und das Entzünden des Osterlichts in einem Bild zusammenführt. Da hätte ja eigentlich auch der Direktor des Zentrums für Populäre Kultur drauf kommen können.

Der vegane Weihnachtsmarkt

Die Wurst, allen voran die Bratwurst, ist ein integraler Bestandteil des traditionellen deutschen Weihnachtsmarkts. Doch diese Institution befindet sich im Umbruch. Längst gibt es auf Weihnachtsmärkten nicht mehr nur Glühwein, Bratwürste, Dudelmusik und Bedudelte, die sich hinter der nächsten Dudelbude übergeben oder anderweitig erleichtern, wie es in der besinnlichen Zeit vielerorts Brauch geworden ist. Nein, viele Weihnachtsmärkte sind weltoffen geworden, auch was das gastronomische Angebot anbetrifft. So gibt es in Berlin einen norwegischen Stand, der einen Imbiss mit dem ungut klingenden Namen „Fiskekaker" anbietet. Erfreulicherweise sind auch vegetarische oder gar vegane Weihnachtsmärkte schwer angesagt. Dort werden etwa Tofubratwürste, vegane Lebkuchen oder veganer Glühwein verkauft. Korrekterweise sollten die Glühweintassen dort auch von zartfingrigen, spargelgleichen Wesen überreicht werden und nicht von Händlern mit dicken Wurstfingern. Einige Weihnachtsmärkte kommen bereits komplett ohne tierische Produkte aus. Bald wird es auch vegane Krippen geben, die ebenfalls kein tierisches Fleisch mehr enthalten. Statt Ochs und Esel stehen dann neben der Krippe eine Pampelmuse und ein Riesenkürbis, die Schafe werden durch Mandarinen ersetzt. Und die Heiligen Drei Könige bringen nicht mehr Gold, Weihrauch und Myrrhe, sondern Gold, Weihrauch und Möhren. Ob sie die Möhren aber auf einem Kamel heranschaffen oder in einem biologisch abbaubaren, mit Ballaststoffen und nachhaltiger Sojamilch angetriebenen Tofumobil, das ist mir Wurst.

Wenn Blumen sprechen

Am Valentinstag kann man Blumen sprechen lassen, versichert der Fachverband Deutscher Floristen. Eine rote Rose zum Beispiel sagt: „Ich liebe dich." Eine blaue Tulpe verspricht: „Ich bin dir treu." Eine weiße Narzisse erklärt: „Ich sehne mich nach dir." Und so weiter. Aber das ist nur die halbe Wahrheit. Was viele Floristen verschweigen: Manche Schnittblumen sehen zwar super aus, sind aber nicht sicher in ihrer Wortwahl. Wer einer Dame eine sprechende Bartnelke überreicht, die sagt: „Ich will dich küssen, du fette Schlampe", muss sich nicht wundern, wenn die derart Angesprochene ihre Hand zur Faust ballt und dem Blumenbringer als Gegengabe ein Veilchen verpasst. Es liegt in der Natur der Sache, dass eine Rose aus der Familie Blanc Double de Coubert über einen reicheren Wortschatz verfügt als eine dahergelaufene Sumpfdotterblume, die für Akademikerinnen natürlich kein adäquater Gesprächspartner ist. Dennoch bringen sich sprechende Blumen immer stärker in öffentliche Debatten ein. In einer Talkshow saßen kürzlich eine deutsche Geranie, eine indische Orchidee mit Synchrondolmetscher, eine beleidigte Primel und ein promovierter Krokus, die sich gegenseitig beharkten, während eine Pissnelke allen ständig ins Wort fiel. Wenn Sie am Valentinstag Blumen sprechen lassen, egal ob Tulpen aus Amsterdam, weiße Rosen aus Athen oder Usambara-Veilchen aus Kenia: Achten Sie darauf, dass diese Blumen Deutsch sprechen, und zwar auch zu Hause in Ihrem Wohnzimmer. Sonst könnte die CSU Ärger machen und die Blumen auffordern: Raus aus der deutschen Vase, und ab in die Botanik!

Der total vernetzte Christbaum

Die Automobilindustrie hat in diesem Jahr enorme Fortschritte gemacht bei der Entwicklung des autonomen, selbstfahrenden Autos. Die Weihnachtsbaumindustrie hat diese Entwicklung bislang verschlafen. Ein Christbaum, der nur dumm in der Wohnung herumsteht und nadelt – das ist heute nicht mehr genug. Es führt kein Weg an der Erkenntnis vorbei: Der Christbaum befindet sich nicht mehr auf der Höhe der Zeit. IT-Experten arbeiten daher am Prototypen eines autonomen Christbaums für das Smart Home von morgen. Der autonome Baum setzt sich selbst mit einem selbstfahrenden Auto in Verbindung und lässt sich von diesem in die Wohnung seines Besitzers bringen. Dort regelt er, damit er nicht zu stark nadelt, die Temperatur nach seinen Bedürfnissen. Der smarte Christbaum kann über Minilautsprecher in den Zapfen Musik abspielen, die Weihnachtslieder holt er sich über Streamingdienste direkt aus dem Netz. Früher war der Baum nur vernetzt, wenn er vom Händler für den Transport verpackt wurde. Heute ist er rundum vernetzt und mischt auch selbst in sozialen Netzwerken mit. Er nimmt teil an offenen Foren für Nadelbäume wie Blaufichten und Douglasien, kann aber auch Mitglied in Spezialforen für Nordmanntannen oder Blödmanntannen werden. Geschmückte Christbäume werden stolz Selfies von sich posten, die Fotos mit ihnen befreundeter Bäume liken oder auf Twitter so hochbrisante wie tiefschürfende Diskussionsbeiträge liefern wie „Früher war mehr Lametta". Wenn der Christbaum so den Anschluss an die digitale Welt findet, dann hat er auch eine Zukunft.

Keine Feier ohne Eier

Rund um das Osterfest haben sich allerlei schöne Bräuche etabliert, die seit Jahrhunderten gepflegt werden. In vielen von ihnen nimmt das Ei – mit dem sich übrigens die Wissenschaft der Eierkunde, die in der Fachsprache Oologie heißt, beschäftigt – eine herausragende Stellung ein. Manche Menschen verstecken Eier, um sie von anderen suchen zu lassen, andere blasen Eier aus, um sie dann zu bemalen. Wieder andere versuchen neuerdings, Eier auszubrüten. Das Wissensmagazin „Galileo" (Pro7) beschäftigt sich zu Ostern mit der Frage: Kann ein Mensch ein Ei ausbrüten? Bei diesem „Eggsperiment" werden befruchtete Hühnereier mit Hilfe eines eigens für das Projekt entwickelten „Softbrüters" auf die Bäuche der Teilnehmer geschnallt. Um die Temperatur für die Eier konstant zu halten, müssen die Probanden während ihrer Brutzeit liegen. Möglicherweise gelingt es einem Brüter sogar, ein Ei in weniger als 21 Tagen auszubrüten. Das wäre freilich ein hochinteressantes oologisches Phänomen, das die Verleihung des Titels „Schneller Brüter" nach sich ziehen sollte. Vielleicht entschließt sich ja auch der frühere FDP-Spitzenkandidat dazu, anstatt anderen auf die Eier zu gehen, künftig lieber Eier auszubrüten: Sobald das erste Küken geschlüpft ist, darf er sich dann Rainer Brüterle nennen. Überhaupt könnte sich so rund um das Osterfest neues oologisches Brauchtum entwickeln – etwa eine Woche der Brüterlichkeit, das Trinken auf die Brüterschaft oder der Eintritt in den Orden der Barmherzigen Brüter, um nur einige zu nennen. In diesem Sinne: Frohe Ostern, liebe Brüter und Schwestern!

IDEEN FÜRS KLO

PARERGA UND PARALIPOMENA

„Never ever came come everybody somebody
and to offer me something for whatever."
(Franz Beckenbauer)

Zwergenaufstand

Die Meinungen über einen angemessenen und für alle Beteiligten angenehmen Umgang mit Zwergen gehen zuweilen auseinander. Zwar ist es mittlerweile Konsens, dass die sportliche Übung des Zwergenweitwurfs den Regeln eines respektvollen Miteinanders zuwiderläuft. Wirft man jedoch keine Zwerge, sondern einen Blick auf Interessenverbände und politische Vertretungen von Gartenzwergen, wird die Lage schnell ein wenig unübersichtlich. Da gibt es die 1981 gegründete Internationale Vereinigung zum Schutz der Gartenzwerge und die seit 2006 existierende Internationale Zwergenpartei (IZP), die ein Zwergenland ohne Grenzen mit einer neutralen Zwergenverwaltung fordert. Zwergstaaten wie Monaco oder Kiribati haben in dieser Angelegenheit bislang keine klare Position bezogen. Ruhig geworden ist es um die Front zur Befreiung der Gartenzwerge, die Wichtel aus Gärten holt und sie in freier Natur, die angeblich ihr „natürlicher Lebensraum" ist, aufstellt. Nun hat der deutsche Zwergenkongress in Trusetal getagt und beklagt, die Zukunft des echten deutschen Gartenzwergs sei bedroht, da er im eigenen Land zur Minderheit werde gegenüber Import-Wichteln, die aus dem Ausland zu uns drängen. Wenn jetzt auch noch ein Giftzwerg einen Zwergenaufstand organisiert, Fruchtzwerge verbieten lassen will und behauptet, Zwerge in deutschen Gärten würden von Sitzbuddhas verdrängt und alle weiblichen Zwerge müssten bald Burkas tragen, werden einige sicher ein wenig überzwerch darüber nachdenken, ob der Zwergenweitwurf in Ausnahmefällen vielleicht doch gar keine so schlechte Idee ist.

Leute von heute

Seit langem schon frage ich mich, wer Lindsay Lohan eigentlich ist. Sie taucht ständig in den Klatschspalten auf. Sie muss also ziemlich bedeutend sein. Unlängst wurde gemeldet, dass die 27-Jährige eine Liste mit den Namen ihrer Ex-Liebhaber veröffentlicht hat. Davor erfuhr man, dass sie dem Moderator einer US-TV-Show ein Glas Wasser ins Gesicht geschüttet und beim Einparken einen Fußgänger verletzt hat. Und dass sie „nach ihrem Drogenentzug einen Neuanfang wagen" will. Als Lohan die Suchtklinik verließ, teilte das Promi-Portal „TMZ. com" mit: „Dabei lächelte sie, trug ein blaues, mit Gänseblümchen bedrucktes Minikleid und hatte eine große blaue Handtasche um den Arm gehängt." Wenn das mal keine Nachricht ist. Wie kommt Lohan in die Medien? So: „Die Schauspielerin hat seit Jahren immer wieder Ärger mit der Justiz – unter anderem wegen Trunkenheit am Steuer, Diebstahls und Drogenbesitzes", verrät die Deutsche Presseagentur. Doch auch als Künstlerin sorgt Lohan für Aufsehen: Sie kam nämlich schon mal wegen Ohrenschmerzen zu spät zum Drehort. Das ist natürlich alles hochbrisant. Eine der neuesten Meldungen geht so: „Dina Lohan, Mutter von Lindsay Lohan, muss 100 Stunden gemeinnützige Arbeit leisten. Der Grund ist eine Trunkenheitsfahrt." Na bravo, jetzt mischt die Mutter auch noch mit. Ich warte jetzt auf Neuigkeiten von noch größerer Brisanz, etwa: „Lindsay Lohan bekennt: Meine Oma ist kein D-Zug, aber auch oft voll" oder „Lindsay Lohans Cousine zweiten Grades kippt in China neben einem Sack Reis um." Bald wird es so weit sein, glauben Sie mir.

Isch over

Das Jahr 2015 war reich an denkwürdigen Bekennt-
nissen. Bereits im Januar stellte Papst Franziskus
klar, dass sich Katholiken nicht „wie Karnickel vermeh-
ren müssen". Bundesfinanzminister Wolfgang Schäuble
sagte zum Ende eines Hilfsprogramms für Griechenland:
„Am 28. (Februar), 24 Uhr, isch over." Vor Beschlüssen
zur Energiewende erklärte Horst Seehofer: „Die Festle-
gung kann so oder ganz anders ausfallen. Das ist immer
so bei mir." Hinsichtlich der Baufortschritte am Berliner
Hauptstadtflughafen verkündete Ex-Flughafenchef Hart-
mut Mehdorn die frohe Botschaft: „Er wird immer fertiger und fertiger." Und zum VW-Abgasskandal sagte der
Amerika-Chef von Volkswagen: „Wir haben Mist gebaut."
Werden wir im nächsten Jahr noch mehr Mist aushalten?
Ja, wir schaffen das. Bundesinnenminister Thomas de
Maizière verweigerte nähere Informationen zum Hintergrund einer Terrorwarnung mit der Begründung: „Ein Teil
dieser Antworten würde die Bevölkerung verunsichern."
Auch von Franz Beckenbauer war zur Korruption im Fußball wenig Erhellendes zu hören. Daher gilt weiter seine
berühmte Klarstellung: „Never ever came come everybody somebody and to offer me something for whatever".
Wird Beckenbauer noch dieses Jahr „Wir haben Mist gebaut" sagen? Never ever to everybody somebody, denn
dieses Jahr wird fertiger und fertiger, und heute um 24
Uhr isch over. Bei Horst Seehofer aber werden die Festle-
gungen im neuen Jahr wieder ganz anders ausfallen. Wie,
das kann ich Ihnen leider nicht sagen, denn ein Teil dieser
Antworten würde die Bevölkerung verunsichern.

Ideen fürs Klo

Die Berliner Senatsverwaltung für Integration hat in dieser Woche Unisex-Toiletten eingerichtet. „WC für alle Geschlechter" steht nun an den Türen der ehemaligen Damen- und Herrentoiletten. Damit soll erreicht werden, dass sich inter- und transgeschlechtliche Menschen, die ihr Geschlecht nicht eindeutig dem Mann-Frau-Schema zuordnen können oder wollen, nicht diskriminiert fühlen. Das ist ein Fortschritt auf dem langen Weg zur Toilettengerechtigkeit. Dieser Weg wird kein leichter sein. Denn nicht nur transgeschlechtliche Menschen, auch Frauen werden auf dem stillen Ort bis heute benachteiligt. Männer zum Beispiel können in öffentlichen Toiletten wählen, ob sie vors Urinal treten oder eine Kabine aufsuchen. In einer Kabine wiederum dürfen sie, ohne dass dies im Einzelnen nachgeprüft wird, frei entscheiden, ob sie im Stehen oder im Sitzen pinkeln. Von Männern wird lediglich erwartet, dass sie beim Wasserlassen vor einem WC-Sitz die Brille hochklappen. Immerhin: Von Frauen wird nichts dergleichen verlangt, ganz egal, ob sie eine Brille oder Kontaktlinsen tragen. Das ist ein kleiner Trost, aber keineswegs ausreichend. Denn es muss auch jede Frau, die im Stehen pinkeln möchte, grundsätzlich das Recht dazu haben. Und auch die Möglichkeit! Überdies sollten für Menschen, die in engen Toiletten unter Platzangst leiden, Wildpinkelbereiche im Freien zur Verfügung gestellt werden – mit Büschen, Bäumen oder wahlweise einem geschlechtergerechten Donnerbalken für den politisch korrekten Toilettengang. Deutschland kann hier in Zeiten der Klobalisierung Maßstäbe setzen.

Was wird die nächste Challenge?

Das Jahr 2016 hat unter anderem zwei Dinge gezeigt. Erstens: Die Demokratie in den USA sorgt für überraschende Wahlergebnisse und hält einiges aus. Zweitens: Das Internet bringt weiterhin die schönsten neuen Trends hervor. Schwer angesagt war in diesem Jahr die Mannequin Challenge. Bei dieser Übung posieren die Teilnehmer bewegungslos wie Schaufensterpuppen und veröffentlichen Videos davon. Die Mannequin Challenge ist deutlich bewegungsärmer als die Ice Bucket Challenge, bei der sich Leute einen Eimer Eiswasser über den Kopf schütten und Videos davon ins Netz stellen. Dieser Trend ist leider etwas in Vergessenheit geraten, obschon es genügend Zeitgenossen gibt, die es sich redlich verdient hätten, einen Eimer eiskaltes Wasser übers Haupt geschüttet zu bekommen. Toptrend 2016 war das Smartphone-Spiel Pokémon Go, bei dem virtuelle Monster in realen Umgebungen gefangen werden. Auch das Bieryoga, bei dem eine Bierflasche auf dem Kopf balanciert wird, fand viel Zuspruch. Ich setze nun schwer darauf, dass sich im Jahr 2017 die Bieryoga-Ice-Bucket-Pokémon-Go-Challenge durchsetzt: Dabei fangen Teilnehmer virtuelle Monster, indem sie ihnen per App einen Eimer Eiswasser über den Kopf schütten, während dieser Aktion selbst eine Bierflasche auf dem Kopf balancieren und ein Video davon ins Netz stellen. Ich wäre aber auch erst mal zufrieden, wenn US-Präsident Donald Trump bei der Mannequin Challenge mitmacht und für die restliche Dauer seiner Amtszeit bewegungslos stehen bleibt und nichts tut und sagt. Die Demokratie in den USA ist stark, die hält das aus.

Heute ist wieder Weltuntergang

Das Ende ist nah, denn heute ist der Tag des Jüngsten Gerichts, wie Apokalyptiker herausgefunden haben. Am 21. Dezember 2012 hatte es mit dem Weltuntergang ja nicht geklappt, der Termin musste verschoben werden. Damals glaubten viele, die Welt gehe unter, weil der Maya-Kalender endete. Es stieg aber dann doch nicht, wie befürchtet, der große Gott Bolon Yokte Kuh vom Himmel herab, sondern es passierte nichts. Aber jetzt geht es los. Laut Nostradamus (1503-1566) wird es 2014 große Krisen, Detonationen und Ratlosigkeit geben, und „die Schweineschnauze wird machen solch Schlimmes". Nicht nur vor der Schweineschnauze aber gilt es sich in Acht zu nehmen, denn am 31. Januar 2014 begann auch das „Jahr des Holzpferdes": Nach dem chinesischen Kalender bringt es „feurige" Naturkatastrophen wie Erdbeben und Vulkanausbrüche. Das harmoniert trefflich mit Terminen der Wikinger-Mythologie: Denn am 22. Februar, also heute, wird Gott Heimdall in sein Horn blasen, ein Erdbeben die Midgardschlange entfesseln, die Sonne wird sich verdunkeln und die Welt zerstört. So sagen manche. Ich aber sage euch: Seid auf der Hut vor falschen Propheten, heute ist der Weltuntergang noch nicht! Aber bald. Nämlich dann, wenn nach dem Jahr des Holzpferds 2015 das Jahr des Holzkopfs anbricht, Hägar der Schreckliche die Midgardschlange erwürgt, der große Gott Bolon Yokte Kuh seine Schweineschnauze in den Biene-Maja-Kalender steckt und die vier apokalyptischen Reiter auf dem Holzpferd angetrabt kommen – dann ist das Ende nah. Oder es dauert halt noch ein bisschen.

Die Vermessung der Fleischwelt

Der „Fleischatlas" des Bundes für Umwelt- und Natur-schutz präsentiert wichtige Daten zur Fleischproduktion in Deutschland. Aber nicht alle. Auf einem Fleischatlas sollten auch regionale Produkte genau lokalisiert sein wie etwa die Nürnberger Bratwurst, der Schwarzwälder Schinken, der Pfälzer Saumagen oder das Berliner Rieseneisbein. Und das wären nur Punkte auf der Deutschlandkarte, also ein kleiner Ausschnitt des globalen Fleischatlas. Beim Blick über die Grenzen müssten die Verbreitungsgebiete der Polnischen, der Krakauer, des Wiener Schnitzels oder der Burenwurst verzeichnet werden. Eine zentrale Größe bei der Vermessung der Fleischwelt sollte wie bei der Erdhalbkugel der Äquator sein – beim Fleischatlas ist dies der Weißwurst-Äquator. Südlich des Weißwurst-Äquators stoßen wir zum Beispiel auf Salamis. Die Schlacht von Salamis, an der, wie der Name schon sagt, mehrere Salamis beteiligt waren, ist ein Spitzenereignis der griechischen Geschichte und keinem Historiker Wurst. Reisende bringen nach der Lektüre von Speisekarten fremder Länder oft Belege für neue Fleischgerichte mit, die den gastronomischen Horizont erweitern, wie „Winner Schnitzel", „Schweinerollvorhang", „Gewinde vom Rind" oder „Huhnklumpen". Halten also auch Sie im Ausland die Augen offen. Vielleicht entdecken Sie dort auf Speisekarten ganz neuartige fleischhaltige Gerichte wie Rinderrolllladen, Spaghetti Polonaise, Salto Bocca, blamiertes Schnitzel oder Nazi Goreng und können somit dazu beitragen, die letzten weißen Flecken auf den Fleischatlanten, also das Namenlose, mit Namen zu füllen.

Quatsch first, Bedenken second

Das Jahr 2017 hat uns zahlreiche wundersame Zitate beschert. Eine der wohl hirnrissigsten Losungen stand auf einem Wahlplakat der FDP und lautete „Digital first, Bedenken second". Hierzu passt sehr gut, was der Sprecher der Münchner Polizei, Marcus da Gloria Martins, zur Verbreitung ungesicherter Informationen sagte: „In die Köpfe muss eine Sicherung rein." Da hat er wohl recht – gerade wenn man bedenkt, was die Grünen-Politikerin Katrin Göring-Eckardt verkündete: „Wir wollen, dass jede Biene und jeder Schmetterling und jeder Vogel in diesem Land weiß: Wir werden uns weiter für sie einsetzen." Ich weiß nicht, was die Vögel wissen, und ob die Dame vorher vielleicht einen gezwitschert hatte. Für diesen Fall gilt, was die Fußball-Torhüterin Almuth Schult in Vorfreude auf eine Siegesfeier sagte: „Halb besoffen ist rausgeschmissenes Geld." Sprachsicher wie immer beglückte uns der Fußballexperte Lothar Matthäus in einem TV-Kommentar mit der Feststellung „Wäre, wäre, Fahrradkette". Wäre aber nicht „Hätte, hätte, Heckenschere" reimtechnisch noch prägnanter gewesen? Kein Vogel weiß das, keine Biene und auch kein Schmetterling. Gewiss wollen sich manche nun an Silvester das Jahr 2017 schöntrinken und denken: Halb besoffen ist rausgeschmissenes Geld. Ich glaube daher, in die Köpfe muss eine Sicherung rein. Dass diese Umrüstung rechtzeitig zum Jahresbeginn erfolgt, ist allerdings unwahrscheinlich. Daher gilt es, 2018 klaren Kopf zu behalten, da viele auch im neuen Jahr einfach drauflosquatschen, nach der bewährten Devise: Quatsch first, Bedenken second.

Im neuen Jahr wird vieles anders

Das neue Jahr ist am 1. Januar 2018 ordnungsgemäß in Kraft getreten. Es bringt, wie die Vorjahre auch, wieder viele neue Regeln und Bestimmungen mit sich. So werden die Beitragsbemessungsgrenzen in der gesetzlichen Krankenkasse angehoben, bei nach dem Jahr 2006 gebauten Autos wird die Endrohrmessung – die Messung der Abgase direkt am Auspuff – Pflicht. Aber das ist noch nicht alles. Neue Staubsauger dürfen nur noch mit Windkraft betrieben werden und Dieselfahrzeuge werden der Umwelt zuliebe nach und nach auf Glyphosat umgerüstet. Wie viele Bauernkalender erscheint jetzt auch der Müllkalender in neuer Optik – mit Fotos, für die sich gelbe Säcke und blaue Tonnen hüllenlos in aufreizenden Posen haben ablichten lassen. Wenn Sachsen in den Westen Deutschlands ziehen, ist der Familiennachzug zulässig. Über sogenannte Reichsbürger wird die Reichsacht verhängt. Nach der Einführung von Rauchwarnmeldern müssen sich ab 1. August Frauen mit viel Holz vor der Hütte aus Brandschutzgründen Feuermelder einbauen lassen, bei Männern dagegen wird die Endrohrmessung Pflicht. Der Bundestag wird mit einem atmenden Deckel versehen, die Zahl der Abgeordneten könnte bei Neuwahlen daher auf über tausend ansteigen. Hartz IV erhält ein Update und wird in Hartz 4.0 umbenannt, das heißt: Analoge Bezieher der Leistung werden komplett durchdigitalisiert und langfristig in die Cloud ausgelagert. Und in jenen Teilen Deutschlands, in denen es an Musikern, nicht aber an Deppen mangelt, wird der Spielmannszug bis auf weiteres durch einen Blödmannszug ersetzt.

Neujahrsansprache

Liebe Mitbürgerinnen und Mitbürger, wir stehen nun an der Schwelle eines neuen Jahres, das alte neigt sich dem Ende zu. Das ist alternativlos. Als Ihre Bundeskanzlerin, die ich hier gebe, darf ich Ihnen sagen: Wir sind in diesem Jahr gut vorangekommen. Die Große Koalition steht. Peer Steinbrück hat einmal festgestellt: Eine gute Grundlage ist die beste Voraussetzung für eine solide Basis in Europa. Ich sehe das genauso. Deutschland geht es gut. Auch für das nächste Jahr haben wir uns viel vorgenommen: Erderwärmung, Energiewende, Müttermaut und Verantwortung für das Ganze. Wenn wir alle mit anpacken, schaffen wir das. Sie wissen so gut wie ich: Das Internet ist für uns alle Neuland. Aber Deutschland ist fest verankert in Europa. Gemeinsam mit unseren europäischen Partnern und amerikanischen Freunden (gar nicht wahr) werde ich beim internationalen Finanzsystem dafür werben, irgendwelche Maßnahmen zu ergreifen. Schon vor Monaten habe ich eines klar ausgesprochen: Mit mir wird es keine Pkw-Maut geben, und daran werde ich mich auch nicht halten. Was wir brauchen, ist Innovation, Breitbandausbau und Blabla, damit die Menschen in unserem Land Rhabarber, Rhabarber, Rhabarber. Ich werde mich weiter einsetzen für politischen Pragmatismus, Parität und Pillepalle. Darauf können Sie sich verlassen. Niemand von uns weiß, was die Zukunft bringen wird. Als Ihre Bundeskanzlerin kann ich Ihnen aber eines mit Gewissheit sagen: Holleri du dödl di, diri diri dudl dö. Liebe Mitbürgerinnen und Mitbürger, lassen Sie uns diesen Quatsch beenden. Ihnen allen ein gutes neues Jahr.

Inhalt

III. DUSCHKÖPFE FÜR KNIEBOHRER
POLITIK UND WIRTSCHAFT

IV. DER INTELLIGENTE MISTHAUFEN
INTERNET UND DIGITALISIERUNG

VIII. DAS WURST-CASE-SZENARIO
VERKEHR UND MOBILITÄT

IX. EIMER FÜR ALLE
FREIZEIT UND BRAUCHTUM

ISBN 978-3-92523231-2
© Main-Post, Würzburg 2018
1. Auflage, 2018
Main-Post GmbH
Registergericht:
AG Würzburg HRB 13376
Geschäftsführer: David Brandstätter
shop.mainpost.de

Autor: Dr. Herbert Scheuring
Gestaltung: Julia Geisler
Cover-Foto: Anette Horn/Christian Berreis
Druck und Weiterverarbeitung:
Haßfurter Medienpartner GmbH & Co. KG
Augsfelder Straße 19
97437 Haßfurt